Förster Flecks

Erzählung von seinen Schicksalen auf
dem Zuge Napoleons nach Russland
und von seiner Gefangenschaft
1812 - 1814

———————

Von ihm selbst geschrieben

———————

Engelskirchen

2008

Bibliografische Information der Deutschen Nationalbibliothek:
Die Deutsche Nationalbibliothek verzeichnet diese Publikation in
der Deutschen Nationalbibliographie; detaillierte bibliografische
Daten sind im Internet unter http://dnb.d-nb.de abrufbar

Gebundene Ausgabe 03/2008
Copyright © 2008 by Fachverlag AMon
Printed in Germany
Druck und Bindung: Books on Demand GmbH D-22848 Norderstedt
AMon 00002
ISBN 978-3-940980-01-4
http: // www.FachverlagAMon.de

Vorwort

Von den vielen Berichten von Teilnehmern am Feldzuge 1812, die neuerdings an die Öffentlichkeit kommen, ist die des Försters Fleck unzweifelhaft die anschaulichste und auch die volkstümlichste.

Ich komme hier einem mehrfach ausgesprochenen Wunsche nach, wenn ich die Erzählung Flecks, die ich vor Bestehen dieser Sammlung in der Deutschen Jugendbücherei veröffentlichte, auch jetzt in die Grünen Bändchen einreihte. Zugleich ist es mein eigener Wunsch, das Bändchen gerade 100 Jahre nach den großen Ereignissen herauszugeben.

Der Text beider Ausgaben ist gleich; nur ein paar charakteristische Episoden, die im zweiten Hefte der Deutschen Jugendbücherei wegen des Platzmangels wegfallen mussten, haben hier Aufnahme gefunden.

Der Herausgeber im Jahre 1912

Einleitung

Das hier vorliegende Werk wurde letztmalig im Jahre 1912, zur Zeit der Hundertjahrfeiern des russischen Feldzuges, veröffentlicht.

In seinem Buch erzählt Förster Fleck die schonungslose und ungeschminkte Geschichte des Feldzuges, der letztlich zum letzten Marsch der vielgerühmten und für Unbesiegbar geltenden Großen Armee des Kaiserreichs Napoleon wurde. Als Angehöriger einer Eliteeinheit des Königreichs Westfalen, des so genannten Modellstaates des französischen Kaisers, wurde er nur allzu schnell in den Strudel des Rückzugs gezogen, der ihn, kurz vor der rettenden Überquerung des Flusses Beresina noch in die russische Kriegsgefangenschaft brachte und somit der Willkür des Siegers auf Gedeih und Verderb aussetzte.

Er berichtet dabei in aller Offenheit über das gewollte Zusehen am Leiden und dem Sterben der Besiegten, der Willkür des Siegers, aber auch der Barmherzigund der Gutmütigkeit jener Menschen, die letztlich als Befreier von der französischen Vormachtstellung in Europa als Sieger über die Pariser Boulevards zogen.

Der Text wurde in eine modernere Schriftform gebracht und es wurden Fußnoten da zugefügt, wo er eine Erklärung oder weitere Erläuterung gegeben schien.

In der Anlage findet sich dazu eine kurze Geschichte des westfälischen Garde-Bataillons der Jäger-Carabiniers, eine Beschreibung seines Offizierskorps und Farbtafeln, die dem Leser der Gegenwart das Aussehen eine Vorstellung der Männer der Vergangenheit geben soll, die in den Weiten Russlands für eine Idee kämpften, litten und starben, die letztlich nicht ihre eigene war.

Engelskirchen, im März 2008

Der Verleger

1.Kapitel
Der Ausmarsch

Es war am 06.März des Jahres 1812, als die Garde des Königs Jerome von Westfalen und zugleich das Bataillon der Büchsenjäger, in dem ich diente, aus Kassel marschierte, um zu der großen Armee zu stoßen, die auf Napoleons Befehl gegen Russland ausrückte.

Ich kann nicht sagen, dass wir mit absonderlicher Freudigkeit diesen Marsch antraten; wir waren Deutsche, und es konnte uns unmöglich entgehen, dass Russland, gegen das wir kämpfen sollten, eine und dieselbe Sache mit Deutschland habe, und dass wir daher im Begriff standen, gegen den Vorteil unseres eigenen Vaterlandes feindlich aufzutreten. Indes hatten wir nicht Zeit zum Nachdenken, und es half uns auch nichts; wir waren froh, des einförmigen Kasernenlebens und ermüdenden Paradedienstes gewiss auf lange Zeit enthoben zu sein.

Wir kamen am ersten Tage unseres Ausmarsches über Münden bis nach Göttingen, wo uns Nachtquartiere angewiesen wurden. Die Göttinger Bürger wie die Studierenden nahmen uns höchst freundschaftlich auf; wir kamen nach langer Zeit zum ersten Mal wieder in näheren Verkehr mit Bürgern, die es sich angelegen sein ließen, uns aufs Beste zu behandeln und wir konnten einen Vergleich zwischen hier und Kassel anstellen, der freilich sehr zum Nachteil des letzteren ausfiel.

In Kassel begegnete man uns, kamen wir je in Berührung und Verkehr mit dortigen Bürgern, sehr kalt und nachlässig und wir kehrten gern in unsere engen Kasernen zurück; man hielt uns dort für Werkzeuge der Tyrannei und verachtete uns als solche. Man bedachte nicht, dass wir gezwungen waren und die Bürger Kassels vergaßen, dass ja auch sie selbst ganz ruhig die Herrschaft eines Bruders von Napoleon ertrugen, ja um so lieber ertrugen, als ihre Stadt der Sitz der höchsten Regierungsbehörden war und von der Hofhaltung Jéromes großen Vorteil hatte.

Dennoch wurde dem Soldaten dort nicht die Achtung und Liebe gegeben, auf die er, wie das Mitglied jedes anderen rechtlichen Standes, Anspruch hat. So konnte es nicht fehlen, dass die liebevolle und gütige Behandlung, die uns allen in Göttingen zuteil wurde, eine dankbare, angenehme Erinnerung bei uns zurückließ.

Wir waren sämtlich fröhlich und guter Dinge, als wir am folgenden Morgen, von den Glückwünschen der Göttinger begleitet, unseren Marsch wieder antraten, der durch das Eichsfeld nach Sondershausen ging. Ich glaube, es ist allgemein bekannt, dass auf dem Eichsfelde mehr Armut als sonst etwas ist, dass besonders aber die Wege bei schlechtem Wetter kaum zu passieren sind und so kam es denn, dass wir oft nach langen, erschöpfenden Märschen nur kärgliche Verpflegung bekamen und froh waren, als wir endlich bei Sturm und Unwetter in Sondershausen einmarschierten. Das Jägerkorps wurde wegen Überfüllung durch Truppen auf die benachbarten Dörfer verlegt.

Die Kompanie, bei der ich stand, kam in das Dorf Groß-Forra, wo ein günstiger Zufall mich mit noch 13 Mann beim Förster Knauert ins Quartier brachte. Der biedere Förster bewirtete uns höchst freundschaftlich und verließ das Zimmer, das uns angewiesen war, fast keinen Augenblick, um gleich immer selbst unseren Bedürfnissen abhelfen zu können; er blieb sogar die Nacht hindurch bei uns und schlief auf demselben Strohlager, das für uns alle bereitet war. Ich führe dies hier nur an, weil es gewiss nicht oft vorkommt, dass der Soldat freundlich und gut in seinem Quartier aufgenommen wird.

Von Sondershausen marschierten wir über Eisleben nach Halle. In Halle wurden uns einige Ruhetage vergönnt, die ich fleißig benutzte, um alle Merkwürdigkeiten der Stadt zu sehen. Dann ging unsere Reise weiter auf Dessau. Die schlechte Verpflegung, die wir in dem mit Truppen überfüllten Orte fanden, hatte zur Folge, dass wir uns nur zu gern von dieser schönen Gegend und deren herrlichen Fluren trennten.

Wir waren froh, als uns der Wasserstand der Elbe erlaubte, über Wittenberg in die Nieder-Lausitz zu marschieren, wo wir nach einigen Tagesmärschen in dem Städtchen Muskau ankamen, in dem wir, ich weiß nicht mehr aus welchem Grunde, acht bis zehn Tage verweilen mussten. Die Gegend konnte uns nicht gefallen, denn der Boden war sandig und die einförmige Öde wurde höchstens von Fichten- und Birkenwaldungen unterbrochen.

Wir fanden hier die ersten Wenden und so kam zu dem Ungemach der schlechten Örtlichkeit eine uns bis jetzt gänzlich ungewohnte Lebensweise, fremdartige Sitten und unverständliche Sprache. Es schien hier mit der Kultur ein Ende zu haben; wir vermissten hier Deutschland, deutsche Verpflegung, deutschen Umgang zum ersten Male.

Ein unheimliches Gefühl, halb Heimweh, halb Ahnung von zukünftigen bösen Dingen, bemächtigte sich meiner, als ich die traurige Gegend mit den lachenden Fluren meiner Heimat, als ich das Los armer leibeigenen Wenden mit dem unserer Bauern verglich.

Gehörig eingerichtete Wohnungen mit Öfen kannte man hier nicht, es waren niedrige, ärmliche Hütten mit elenden Kaminen, eher Rauchkammern als Aufenthaltsorten für Menschen ähnlich. Wie es bei diesen armseligen Einwohnern mit unserer Verpflegung stand, wird sich jeder denken können, der weiß, dass von Nichts - Nichts kommen kann.

Unseren langen Aufenthalt in Muskau mussten wir durch Eilmärsche wieder gutmachen; manchen Tag marschierten wir 7 bis 8 Meilen in einer schlechten Gegend und bei höchst dürftiger Verpflegung, bis wir endlich in Glogau ankamen. Hier wurden uns einige Tage Ruhe gegönnt und wir erhielten hier auch wieder gutes Brot, treffliches Gemüse und kräftiges Fleisch, zugleich aber auch die Weisung, uns auf mehrere Tage mit Lebensmitteln zu versehen, weil wir diese auf unserem weiteren Marsche durch elende polnische Dörfer nicht eher wieder bekommen würden, als bis wir in der ersten polnischen Stadt angekommen wären.

Von diesem Zeitpunkte an, etwa Anfang des Monats Mai, verloren wir nun Deutschland gänzlich aus dem Gesichte. Nun hatten wir es mit schmutzigen Polen und immerwährenden schlechten Quartieren zu tun. In den Dörfern, wohin wir auf unserem Marsche gelangten, konnten wir uns wegen des Ungeziefers und der Unreinlichkeit der Einwohner meistens unter kein Obdach begeben, sondern mussten biwakieren und von den mitgebrachten Lebensmitteln zehren.

Fraustadt wurde die erste polnische Stadt, die wir betraten. Wir wurden hier zwar in Quartiere gelegt, mussten aber von unseren mitgebrachten Lebensmitteln zehren und bekamen gewöhnlich auf unsere Forderungen zur Antwort: *"Nima Kleba, nima Solli"*[1]. Dies war die Losung, mit der wir von den polnischen Bauern empfangen wurden. Auch an eine passende, nur leidlich bequeme Schlafstelle war für uns nicht zu denken und wir zogen es vor, unser Nachtquartier unter Gottes freiem Himmel zu nehmen, als uns in diesen schmutzigen, mit Ungeziefer aller Art überhäuften Wohnungen niederzulegen.

Ein Glück für uns war es, dass im Mai schönes und warmes Wetter war, das uns erlaubte, die Nächte im Freien zuzubringen. Jedoch ging dies nur in den Dörfern an; sobald wir in Städten übernachten mussten, durften wir des Abends unsere Häuser nicht verlassen und sahen uns gezwungen, dem Ungeziefer den so nötigen Schlaf aufzuopfern.

Von Fraustadt zogen wir über die Lissa auf Warschau zu. Etwa drei Stunden vor dieser Stadt bezogen wir auf acht Tage in ein Lager und rückten danach in Warschau selbst ein. Das Bataillon Jäger, in dem ich stand, wurde in der "Neue Welt" genannten Vorstadt einquartiert. Hier konnte es uns schon gefallen, denn Warschau ist eine große, schöne Stadt, wo man für Geld alles erhalten konnte, dessen man nur bedurfte und mancher würde sich hier wieder von den Strapazen erholt haben können, hätten ihm nur nicht die Mittel dazu gefehlt; denn seit dem Abmarsch aus Kassel hatten wir keine Löhnung ausbezahlt erhalten.

Auch musste man sich sehr in Acht nehmen, dass man nicht überteuert wurde. Der Handel liegt hier in der Hand der Juden, die übrigens sehr dienstfertig und eifrig waren und uns, wenn es ihnen reichlich bezahlt wurde, auch als Dolmetscher gute Dienste leisteten.

Wir blieben in Warschau ungefähr drei Wochen. Während dieser Zeit mussten wir täglich exerzieren und den Wachdienst vor dem sächsischen Palais, das Jérome, der König von Westfalen, bewohnte, versehen. Bei Warschau hatten wir große Revue[2], wobei sich der König von Westfalen, zwei Marschälle von Frankreich und der General Vandamme befanden.

Dies war das letzte Mal, dass wir unseren bisherigen Korps-Kommandanten Vandamme sahen: man sagte uns, der Kaiser habe ihm ein anderes Kommando in Spanien übertragen. Die westfälischen Garden, wozu auch das Jägerkorps gehörte, waren von nun an immer in der Nähe Jéromes unter dessen Oberbefehl.

Bald nach unserem Abmarsch aus Warschau wurde ich mit noch drei Jägern dem Obersten Laville[3] als Ordonnanz zugeteilt; dieser Oberst war dem Quartier-

---

[1] „Wir haben kein Brot und kein Salz".

[2] Revue - (veraltet) Heerschau

meister des Königs von Westfalen und ich kann nicht leugnen, dass ich mich vierzehn Tage lang, während deren ich den Dienst als Ordonnanz versah, sehr wohl befand. Obgleich in dieser Zeit viele Eilmärsche bei fast unausstehlicher Hitze zurückgelegt werden mussten, hatte ich doch wenigstens den Vorteil, dass mein Gepäck gefahren wurde und ich selbst mich hin und wieder des Wagens bedienen konnte.

Meine Kameraden litten unterdes schon an dem Notwendigsten Mangel; an eine geregelte Verpflegung war von jetzt an nicht mehr zu denken. Ich glaube, dass die schlechten Anstalten zur Verpflegung des Militärs sowie die oft lange Zeit hindurch währenden Quartiere vieles zum Misslingen des russischen Feldzuges mit beigetragen haben.

Statt dass wir im Juli aus Warschau marschierten, hätten wir um diese Zeit wenigstens in der Nähe von Moskau sein müssen; was an diesen Verzögerungen Schuld war, weiß ich nicht; doch kann ich nicht begreifen, warum Napoleon, der seine Haupterfolge immer durch Schnelligkeit herbeizuführen wusste, hier oft so langsam und zaudernd verfuhr.

Bei der unerträglichen Hitze und der schlechten Verpflegung konnte es nicht ausbleiben, dass jetzt schon Krankheiten ausbrachen und viele zurückblieben.

In Neswish[4] verließ uns auf einmal unser König und ging mit der Garde du Corps nach Deutschland zurück. Wir genossen das Glück und Vergnügen, ihn drei Tagesmärsche weit zurückzubegleiten und es hieß sogar zuerst, dass wir mit ihm ganz nach Deutschland gehen sollten; allein wir mussten bald wieder den übrigen Truppen folgen und diese durch angestrengte Märsche in zehn Tagen einholen.

Wir bekamen zum Nachfolger des Königs den Herzog von Abrantes, Marschall Junot. Man sagte uns, Jérome hätte mehrere Vorstöße gegen die Befehle des Kaisers begangen und sei daher in sein Königreich zurückgeschickt worden.[5]

Dem sei, wie ihm wolle; wir verloren viel durch die Rückreise des Königs; jetzt wurden wir den übrigen Truppen einverleibt und waren keine Garden mehr. Alle Vorteile hörten auf und wir empfanden dies schmerzlich genug, besonders da wir jetzt fast immer forcierte Märsche über ungeheure Steppen zu machen hatten

[3] Eigentlich Ferdinand de la Ville sur Illon. Dieser trat im Jahre 1809 als Oberst in die westfälische Armee ein, wo er 1811 zum Palast-Gouverneur und im April 1813 zum Aide de Camp des Königs Jérome ernannt wurde. Nach dem Zusammenbruch kehrte er nach Frankreich zurück. Er war mit der Prinzessin von Hessen-Philippstal verheiratet, die Verbindung wurde jedoch später durch den hessischen Kurfürsten getrennt.
[4] gemeint ist hier Nieswitz
[5] Jérome stand mit seinem Korps mit der Nachhut des Hetmans Platow in enger Fühlung. Aufgrund der überaus anstrengenden Märsche und der knappen Verpflegung gab er am 13.Juli 1812 die weitere Verfolgung der russischen Truppen auf und gewährte dem VIII.westfälischen Armee-Korps bei Nieswitz mehrere Tage Ruhe. Kaiser Napoleon war darüber außerordentlich aufgebracht und übergab Marschall Davoust das Kommando. Am 16.Juli reiste Jérome daraufhin ab und nahm seine Garde mit sich, die allerdings bis auf die Kompanie der Garde du Corps alle wieder zum Gros des Korps zurückkehren mussten, wo sie dann auch am 01.August wieder eintraf.

und die Hitze von Tag zu Tag zunahm. Viele Soldaten starben, und manches Pferd stürzte.

In der Nähe von Orscha wurde nochmals ein Lager aufgeschlagen, worin wir acht bis zehn Tage verblieben. Zu erwähnen möchte hier wohl sein, dass in dieser Gegend außerordentlich viel Bienenzucht, nicht wie bei uns in Strohkörben, sondern in ausgehöhlten Baumstämmen getrieben wird.

In einem Klostergarten, der etwa eine Viertelstunde von unserem Lager entfernt war, fanden sich allein 400 solcher Blöcke mit Bienen vor. Wir erbeuteten eine reichliche Masse Honig aus den Zellen. Hiermit waren jedoch der Hunger und Durst unserer Leute noch nicht zufrieden gestellt; sämtliche Bienen wurden getötet und der frische, der Gesundheit schädliche Honig wurde mit Gier und im Übermaß genossen, so dass viele Soldaten unter starkem Durchfall litten und eine große Anzahl gar starb.

Von Orscha marschierten wir in Eilmärschen auf Smolensk. Da hatte das VIII. Korps, zu dem wir gehörten, zwei Tagesreisen vor Smolensk den Unfall, irregeführt zu werden und es musste nun zwei Tagesmärsche umsonst zurücklegen, da es umkehren musste und einen vollen Tag für den Rückmarsch brauchte. Wir hatten nämlich einen großen, finsteren Fichtenwald zu passieren und als wir gegen Abend ins Freie gelangten, sahen wir eine morastige Gegend vor uns, die unseren Weitermarsch auf keine Weise zuließ.

Zugleich aber erblickten wir zu unseren Linken ein großes Dorf und hatten nun wenigstens die Aussicht, Ruhe und Speise erhalten zu können. Allein die Einwohner läuteten Sturm, als sie uns anrücken sahen und stellten sich, als wollten sie den Eingang in ihr Dorf uns mit Gewalt verwehren; die Folge davon war, dass die leicht entzündbaren Häuser in Brand geschossen wurden und bald das ganze Dorf in lichten Flammen stand. Dem großen, schönen Fichtenwalde wurde dasselbe Los zuteil; denn auch der geriet durch die Unvorsichtigkeit der Soldaten in Brand. Noch nie hatte ich ein schrecklicheres und zugleich imposanteres Schauspiel gesehen. Links von uns stand das Dorf in Flammen; die trockenen hölzernen Häuser flackerten in die Höhe, als wären sie mit Pech angestrichen gewesen; zwischen dem Feuer und den Rauchsäulen gewahrte man einzelne dunkle Gestalten, Menschen, die noch etwas von ihrer Habe zu retten suchten oder Vieh, das sich einen Ausweg aus dem Flammenmeere bahnen wollte; hinter uns erhob sich eine dunkle, gewaltige Rauchwolke. Zugleich hörten wir ein Knistern und Prasseln, bald schlugen an einigen Stellen hohe Flammen gleich Feuerpyramiden aus dem dunklen Walde hervor und nach wenigen Augenblicken stand alles in Glut. Man kann sich keinen Begriff von der Schnelligkeit des um sich greifenden Feuers machen; es war, als ob der Wald an allen Ecken zugleich in Brand geraten wäre. Wir waren alle erschüttert und sahen mit Erstaunen und Grausen in die mächtige Lohe.

Dies war der Anfang von den großen und traurigen Szenen, die wir nun bald alle Tage erleben sollten. Schon zwei Tage nachher sahen wir wieder eine große schöne Stadt in Flammen stehen; dies war die Festung Smolensk, von den Russen die "heilige Stadt" genannt.

2.Kapitel
Vor Smolensk

Die russischen Heere waren bis jetzt noch immer einer Hauptschlacht ausgewichen; unter den Mauern von Smolensk jedoch hatten sich die beiden russischen Feldmarschälle Barcley de Tolly und Bagration vereinigt, entschlossen, hier dem Feinde einen ernsten, blutigen Widerstand zu leisten. Sie stellten ihre Truppen hinter der Festung auf und warfen in diese selbst zwei Korps zur Besatzung.

Unsere Abteilung kam am Abend des 17.August vor Smolensk an; wir erfuhren hier, dass an diesem Tage den Ehrenplatz vor der Festung, den wir hätten einnehmen sollen, ein württembergisches leichtes Jäger-Regiment habe beziehen müssen, von dem etwa 15 Mann am Leben geblieben wären. Dieses Regiment nämlich war auf einer Anhöhe neben der Stadt aufgestellt und sollte die Aufmerksamkeit der Russen dorthin lenken. Die Folge war, dass das Regiment bis auf wenige Mann aufgerieben wurde.

Wir marschierten gleich nach unserer Ankunft über den Dnjepr und lagerten uns dicht unter den Mauern der Festung an ihrer östlichen Seite; von der westlichen Seite wurde die Stadt mit Granaten beschossen und so stand sie bald so lichterloh in Feuer, dass wir in unserem Lager bequem lesen konnten.

Am folgenden Tage dauerte das Bombardement von der westlichen Seite fort, ohne dass wir daran teilnahmen; wir waren den ganzen Tag hindurch in eine dichte Rauchwolke gehüllt, die alles verdunkelte und uns kaum das Nötige sehen ließ, während die folgende Nacht wieder so hell war wie der Tag. Der russische Befehlshaber, der einsah, dass er die Festung nicht länger halten konnte, steckte sie durch Fackeln vollends in Brand und als die Russen auszogen, um sich mit dem Hauptkorps hinter der Festung zu vereinigen, stand die ganze Stadt - es war gegen Mitternacht - in vollen Flammen.

Am folgenden Morgen bekamen wir Order, von Smolensk abzumarschieren und als sich die Rauchwolken verzogen, sahen wir im Dnjeprtale die russische Garnison abziehen. Nachdem wir ungefähr drei Stunden marschiert waren, mussten wir über einen Fluss setzen, der sich von Osten her in den Dnjepr ergießt, dessen Name mir aber entfallen ist.

Hier gerieten wir ungefähr zwischen 09.00 Uhr und 10.00 Uhr morgens mit den Russen in ein Handgemenge. Wir wurden von einem furchtbaren Gewehrfeuer empfangen, das große Verwüstung unter uns anrichtete, bis es unserer Artillerie gelang, uns zu unterstützen und unsere Reiterei in die dicht geschlossenen russischen Reihen einhauen konnte.

Das Feuer wurde den ganzen Tag über heftig fortgesetzt und es litten namentlich die Büchsenjäger, ein Bataillon leichter Jäger und unsere leichten Reiter darunter. Wir hatten hier den Verlust unseres Chefs, des Oberstleutnants von Hesberg[6] und den des braven Leutnants von Hohnhausen[7] nebst einigen neunzig Mann von unserem Bataillon zu beklagen.

An eben diesem Tage und zwar als wir in vollem Handgemenge mit den Russen waren, kam auf einmal der Vizekönig von Italien, Eugen, mitten zwischen unseren Reihen durchgeritten, begab sich auf den rechten Flügel, woselbst unser Korps-Kommandant sich aufhielt und ritt, nachdem er sich mit ihm einige Augenblicke unterhalten hatte, wieder fort.

Man sagte uns, dass der Herzog von Abrantes einen Verweis von ihm bekommen hätte, weil von ihm die Russen nicht kräftig genug angegriffen und nicht stark genug aufgerieben worden wären. Ich kann nicht sagen, ob Eugen Recht und Junot Unrecht hatte: soviel weiß ich aber, dass unser Bataillon kräftig genug angriff und auch genug zu leiden hatte und was das Aufreiben der Russen anbetrifft, so sehe ich kaum ein, wie mehr darin geschehen konnte, als vollführt war; denn die ganze Straße, auf welcher die Russen gestanden hatten, war mit Leichnamen bedeckt, so dass wir wegen dieser vielen Leichname kaum weiterkommen konnten.

Wir blieben sechs bis acht Tage lang auf dem Schlachtfelde stehen und genossen während dieser Zeit das prächtige Schauspiel, die große französische Armee und zwar die ganze Zeit hindurch in einem fort, an uns vorüber marschieren zu sehen. Wir hatten zwar schon hin und wieder einzelne Abteilungen der großen Armee gesehen; als wir aber die beständig vor unseren Augen hinmarschierenden Regimenter sahen, wie sie alle so schön gerüstet waren und die Augen der Soldaten von Zuversicht und Mut strahlten, als die gewaltigen Schwadronen der herrlich berittenen Kavallerie vor uns hingaloppierten und die unzähligen Feuerschlünde an uns vorüberfuhren, da bemächtigte sich eine stille Ehrfurcht unserer Herzen vor dem Manne, auf dessen Wink diese Tausende von Kriegern sich in Schlacht und Tod, in alle Mühseligkeiten eines gefahrvollen, langwierigen Feldzuges stürzten.

Niemand von uns dachte daran, dass diese herrliche Armee in wenigen Wochen ein Bild des Elends, der Auflösung und Verwirrung darbieten könnte, obgleich schon jetzt ein Sechstel davon durch die Schlachten, mühselige Märsche, Hunger, Durst und Hitze umgekommen war. Noch immer hatte Napoleon triumphiert, noch immer ritten Generale wie Murat, Ney, Eugen an der Spitze ihrer Korps und dieses Heer, das an uns vorüber marschierte, hatte seit 16 Jahren stets

---

[6] eigentlich Wilhelm Ernst Ludwig von Heßberg. Geboren am 24.Oktober 1773 in Laar, erhielt er ab 1784 seine Ausbildung im hessischen Pagenkorps und wurde 1804 zum Leutnant ernannt. Nach Errichtung des Königreichs Westfalen erhielt er 1808 die Beförderung zum Premier-Lieutenant im Garde-Bataillon der Jäger-Carabiniers, am 15.Juni 1810 die zum Kapitän. Im Mai 1812 übernahm er schließlich als Chef das Kommando über das Bataillon. In der Schlacht bei Walutino-Gora wurde er, wie der Autor berichtet, am 19. August so schwer verwundet, dass er am folgenden Tage verstarb. Der zeitgenössische Autor Bernhardi hingegen beschreibt, dass er vielleicht seiner Strenge wegen auch von seinen eigenen Soldaten erschossen worden sein könnte.

[7] eigentlich von Hohenhausen. Die Geschichte des Bataillons Jäger-Carabiniers verzeichnet über ihn nur, dass er am 23.Januar 1812 zum Premier-Lieutenant befördert worden und in der Schlacht bei Smolensk (?) gefallen ist.

den Sieg an seine Fahnen zu fesseln gewusst. Wer konnte in diesem Falle voraus-
ahnen, dass sich auf einmal das Blatt so schrecklich wenden, dass das Schicksal,
das so lange nur freundlich seinem Günstling Napoleon gelächelt, mit raschem
Schlage die Frucht so vieler gewonnener Schlachten vernichten würde?

Niemand von uns dachte hieran; unser Mut und unsere Zufriedenheit, die
durch die mannigfachen Mühseligkeiten und Beschwerden oft genug gelitten hatten, kehrten in vollem Maße wieder zurück bei dem Anblicke der großen Armee;
wir vergaßen, dass wir unter dem Besieger Deutschlands kämpften; wir sahen in
Napoleon den gewaltigen Helden des Jahrhunderts.

Schon während des ganzen Feldzuges hatte uns Deutsche das Los getroffen,
hinter der französischen Armee zu marschieren; auch von dem Schlachtfelde von
Smolensk ab bildeten wir den Nachtrab. Jedoch folgten wir freudig; bald sollte
Moskau vor uns liegen, Moskau, das Ziel aller unserer Gefahren und Mühen! Was
erwarteten wir nicht alles in Moskau, dieser alten ehrwürdigen Stadt der Zaren!
Die Kreuzfahrer im 12. Jahrhundert können sich nicht so sehr nach dem Anblick
von Jerusalem gesehnt haben, wie wir nach dem von Moskau. Wir murrten daher
auch nicht über die Gewaltmärsche, die wir jetzt fast beständig zu machen hatten.

Es schien, als wollte der Kaiser das wieder einholen, was wir früher durch das
öftere Lagern und Biwakieren versäumt hatten; wir legten des Tages über immer
7 bis 8, ja oft auch 9 Meilen zurück.

3.Kapitel
Borodino

Von Smolensk marschierten wir auf der großen Moskauer Straße nach Dorogebusch. Noch immer war die Hitze unerträglich, die Verpflegung der Truppen
wurde, je näher wir Moskau kamen, immer schlechter, die Russen hatten alles auf
beiden Seiten der großen Straße verheert und verbrannt. Viele Menschen und Tiere kamen auf diesem Marsche um und da wir der großen Armee folgten, fanden
wir unablässig tote Körper auf der Heerstraße.

In Dorogebusch sahen wir zum ersten Male während dieses Feldzuges den
Kaiser Napoleon; er stand dicht vor der Stadt auf einer kleinen Anhöhe neben der
großen Straße und wir marschierten mit geschultertem Gewehr und unter dem Ru-
fe *"Vive l'Empereur!"*[8] an ihm vorüber.

Es wurde uns gesagt, dass der Kaiser hier russische Gesandte erwarte, die wegen des Friedens unterhandeln wollten; gleich nachher hörten wir aber das Gegen-
teil und wir waren nun jeden Tag gewärtig, dass die Russen eine Schlacht annehmen würden, die das endliche Schicksal eines großen Reiches entscheiden sollte.
Doch hielten die russischen Generale noch nicht Stand und wir brachen von Dorogebusch auf, immer auf der Moskauer Straße der feindlichen Armee folgend.

---

8 (franz.) „Es lebe der Kaiser!" Hochruf der kaiserlich französischen Armee und ihrer
Alliierten

Unser Korps stand sich hierbei sehr schlecht, weil es das Letzte war und die russischen und französischen Truppen das Wenige, was vielleicht an Nahrungs-mitteln und dergleichen noch zu erhalten gewesen wäre, immer im Voraus genom-men hatten. Wir mussten uns daher mit Pferdefleisch begnügen und so widrig uns sein Genuss anfangs auch war, so schätzten wir uns doch später glücklich, wenn wir nur Pferde zu verzehren hatten und hielten es für die größte Delikatesse, wenn die Tiere erst frisch gefallen und bei der großen Hitze noch nicht in Verwesung übergegangen waren.

Es wurden zwar mitunter Kommandos zum Furagieren[9] ausgeschickt; allein selten glückte es ihnen, mit einigen Lebensmitteln zurückzukehren; gewöhnlich kamen sie mit leeren Händen wieder oder hatten die Flucht ergreifen müssen. Ja, es war sogar der Fall, dass ein paar solcher Kommandos gar nicht wieder zurück-kehrten und, wie wir nachher erfuhren, alle von russischen Bauern erschlagen worden waren. Gelang es ihnen jedoch bisweilen, etwas hartes Brot, Mehl und dergleichen mitzubringen, was sollte das Wenige für so Viele?

Es war hohe Zeit, dass wir bei der großen französischen Armee anlangten; denn es hatte sich vieler schon wieder Mutlosigkeit und Unlust bemächtigt. Man sah immer noch kein Ende der Entbehrungen und Gefahren; der Feind wich allen Schlachten aus und schien uns immer mehr in die traurigen Einöden seiner unge-heuren Wüsten zu locken, um uns, wenn Hunger und Elend aller Art unsere Kräfte aufgerieben hätten, desto leichter und sicherer vernichten zu können. Es war dies gewiss eben kein erfreulicher Gedanke und er stellte sich auch als wahrscheinlich genug heraus. Viele Soldaten murrten, verfluchten das tolle Unternehmen, eine leere Wüste erobern zu wollen und wünschten ihren Tod herbei.

Wir kamen endlich am 06.September abends spät in dem Lager an, das die französische Armee jenseits des Klosters Borodino aufgeschlagen hatte. Schon vorher waren uns Verwundete von der Vorhut begegnet, unter denen eine Menge Italiener und Portugiesen waren, die unter Wehklagen auf die Russen schimpften; wir konnten hieraus entnehmen, dass diese endlich standgehalten und es zu Vor-postengefechten gekommen war, die auf eine bevorstehende Schlacht hindeuteten.

Hier hörten wir auch, dass der Kaiser Alexander das Oberkommando dem Ge-neral Barclay de Tolly genommen und dem General Kutusow übertragen hätte. Dieser Umstand machte es noch gewisser, dass nun bald eine große Schlacht ge-schlagen würde; denn Kutusow war ein echter Altrusse. Er hatte die Türken be-siegt und seine Landsleute blickten auf ihn wie einen Engel, der sie bald aus allen Gefahren befreien würde. Um dieses Vertrauen des Volkes zu rechtfertigen, muss-te Kutusow wohl eine Schlacht annehmen; denn durfte er wohl die Feinde bis nach Moskau, der "Heiligen Stadt" vordringen lassen, ohne dies durch irgendein Tref-fen verhindert zu haben?

Er nahm deshalb jenseits Borodino auf einer großen Ebene vor Moshaisk eine feste Stellung an. Sobald wir daher bei Borodino, zwischen 11.00 und 12.00 Uhr nachts, angekommen waren, mussten wir durch das ganze Lager der großen Ar-

---

[9] furagieren - (veraltet) Lebensmittel und Futter einbringen

mee marschieren, weil wir, wie es unter Napoleon immer das Los der Deutschen war, den ersten Angriff machen sollten, wenn es zur Schlacht käme.

Wir waren, wie schon gesagt, erst später im Lager angekommen, alle Wachtfeuer waren angezündet, überall herrschte Stille. Es war ein feierlicher und imposanter Anblick für uns, als wir diese große Reihe von Feuern erblickten, die die Nacht weithin erleuchteten; wir hatten Gelegenheit, die große Armee in ihrer ganzen Ausdehnung zu bewundern.

Bald fanden wir uns dem Feinde so nahe als möglich gegenüber. Wir erhielten nun hier die bestimmte Kunde, dass es am folgenden Tage zum Kampfe kommen würde; auch mussten wir unsere Staatsuniformen[10] anziehen, wie es nach dem Befehl des Kaisers an jedem Schlachttage geschah.

Sobald am 07.September nur die ersten Morgenstrahlen dämmerten, begann schon das Kleingewehrfeuer auf der ganzen Linie und gleich darauf fingen die Batterien an, gegenseitig zu spielen. Ich kann mich hier über die Einzelheiten dieser großen Schlacht nicht umständlich auslassen, da ich teils nur das beobachten konnte, was in meiner unmittelbaren Nähe vorging und teils auch schon viele andere besser über diese eine Schlacht geschrieben haben, als ich es könnte; nur so viel weiß ich, dass ich nie ein stärkeres, unausgesetztes Donnern der Kanonen gehört, nie eine beispiellosere Tapferkeit, eine größere Kaltblütigkeit gesehen habe. Franzosen sowohl als Russen wetteiferten, einander an Heldentaten zu übertreffen; aus dem Kampfe wurde an vielen Stellen ein wahres Gemetzel.

Wir Jäger standen am rechten Flügel der Armee; seit Sonnenaufgang brüllten die Kanonen und rafften viele von unserem Bataillon hinweg. Wir standen unbeweglich, denn wir mussten des Kaisers warten, der uns noch mustern wollte; endlich kam er denn auch mit einem glänzenden großen Gefolge auf uns zugeritten, stieg ab und nachdem kommandiert war, das Gewehr zu präsentieren und die Glieder zu öffnen, besah er fast Mann für Mann, nahm hin und wieder eine Büchse und prüfte genau deren Einrichtung, während wir vom Kanonenfeuer stark beschossen wurden, was er jedoch nicht zu bemerken schien, obgleich 30 oder mehr Mann von uns fielen.

Ein entsetzlicher Vorfall trug sich dicht in meiner Nähe zu; es fiel nämlich in den rechten Flügel meiner Kompanie eine Haubitzenkugel, die zwei Jäger im vorderen Gliede, mit Namen Karges und Schäfer, je eines Armes beraubte, einem dritten Jäger im hinteren Gliede aber den halben Unterleib wegriss. Dieser letzte Jäger, namens Caspari, jammerte sehr um sein verlorenes Bein und bat unter Tränen, es doch ja mitzunehmen; der Arme hat noch bis abends 11.00 Uhr gelebt.

Der Kaiser setzte unterdessen ruhig seine Musterung fort und ritt erst wieder weg, als alles, was er hatte sehen wollen, genau von ihm betrachtet war. Hierauf setzten wir uns in Bewegung; der russische General hatte, um sich hier besser decken zu können, vor unserer ganzen Linie Verschanzungen aufwerfen lassen; sein linker und rechter Flügel sowie das Zentrum waren durch furchtbare Feldschanzen und Batterien geschützt. Gegen diese rückten wir vor und nahmen unter fürchterli-

---

10 Staatsuniform - (veraltet) Paradeuniform

chem Kanonen- und Gewehrfeuer eine Schanze im Sturm, wobei jedoch unser Bataillon arg zugerichtet wurde.

Von einem wohlgezielten Schusse mit Kartätschen fielen allein 35 Mann der Unsrigen und ebenso viele wurden verwundet; von der Flanke her hatte dieser Schuss unsere Reihen bestrichen. Der Kapitän Korbmacher[11] verlor den rechten Arm hoch in der Schulter, der Leutnant Brücke[12] den linken Arm; auch die Kapitäne von Stein[13] und von Reichmeister[14] wurden schwer verwundet.

Die genommene Stellung kostete indes noch vielen unserer Jäger das Leben und selbst, als wir dicht unter der Schanze angekommen waren, verursachten uns die Russen durch ihre trefflichen Bogenschüsse noch außerordentlichen Schaden.

Obgleich nämlich die Schanze, hinter welcher wir nun standen und Schutz suchten, von uns genommen war, so wusste doch die Artillerie der nächsten Schanze ihre Kanonen so geschickt zu richten, dass die Kugeln, im Bogen geworfen, in unsere Mitte fielen und hier viele Verwüstungen anrichteten. So wurde ein Jäger aus Braunschweig, namens Biermann, an meiner rechten und ein anderer, namens Selter, an meiner linken Seite erschossen.

Erst spät gegen Abend merkten wir an der entfernteren Kanonade, dass die Russen anfingen zurückzuweichen; indes stießen wir noch immer auf feindliche Infanterie, die uns in einem Gebüsch böse zusetzte und uns sogar zum Weichen brachte. Zum Glück eilte uns ein französisches Linien-Regiment zu Hilfe; es kam mit voller Janitscharenmusik herangerückt und war an diesem Tage noch nicht im Feuer gewesen. Leider wurde ihm aber so arg mitgespielt, dass es in der Zeit von einer Dreiviertelstunde beinahe ganz aufgerieben war.

Der Oberst dieses Regiments war schon ein ziemlich bejahrter Mann und auf dessen Brust prangten viele Ehrenzeichen, sein Sohn diente unter ihm als Adju-

11 eigentlich: Christian Friedrich Corbmacher-D'Asbrand. Er trat aus fuldischen Diensten zunächst in das französische Fremden-Regiment *Westfalen* und wurde am 18.Januar 1809 erst Quartier-Meister und am 22.August 1811 zum Kapitän im Bataillon Jäger-Carabiniers ernannt. Wie der Autor berichtet, erlag er seiner am 07.September 1812 in der Schlacht bei Borodino erhaltenen Verwundung.

12 Leutnant Brücke diente zunächst als Sergeant-Major in der königlich westfälischen Armee. Auf Befehl des Königs Jérome wurde er am 25.Januar 1811 zum Seconde-Lieutenant im Bataillon Jäger-Carabiniers ernannt. Er überlebte seine schwere Verwundung, kam aber beim Rückzug aus Russland ums Leben.

13 Ludwig Wilhelm Julius von Stein. Geboren am 08.Januar 1799 trat er aus hessischen Diensten in die königlich westfälische Armee über. 1810 wird er bereits als Kapitän im Bataillon Jäger-Carabiniers geführt. In der Schlacht von Borodino wird er zwar schwer verwundet, wird aber durch den Tod des bisherigen Bataillonskommandeurs bedingt, am 17.September 1812 zu dessen Nachfolger ernannt. Er stirbt beim Rückzuge aus Russland in der Nähe von Königsberg.

14 Friedrich Ludwig von Reichmeister trat aus preußischen Diensten in die Armee des Königreichs Westfalen über. 1808 stand er als Leutnant im Bataillon der Grenadier-Garde, wo er am 20.September 1810 seine Beförderung zum Kapitän erhielt. Als solcher wurde er am 19.Dezember 1810 in das Bataillon Jäger-Carabiniers versetzt. Während des Rückzugs kam er ums Leben.

tant. Beim Vorrücken wurde ihm ein Bein weggerissen; der Oberst kam auf die Nachricht hiervon schnell angesprengt und sah seinen Sohn in vollem Blute auf dem Erdboden liegen. Er musste ihn mit aller Zärtlichkeit eines väterlichen Herzens lieben; denn der Jammer und die Qual, die sich in seinen Zügen malten, waren unbeschreiblich. Er stieg sogleich vom Pferde ab, ließ seinen Sohn aufsitzen und ihn zurückbringen; er selbst kommandierte jetzt zu Fuß sein Regiment; eine Viertelstunde darauf wurde er selbst erschossen. Ob der Sohn gerettet wurde, habe ich nicht in Erfahrung bringen können.

Als spät am Abend das Feuer nachließ, versammelten wir uns. Unser Bataillon bestand bei seinem Ausmarsche aus Kassel aus 700 Mann. Wenn nun auch angenommen werden kann, dass auf dem Marsche infolge der Anstrengungen, der Hitze, des Hungers und der stattgehabten Gefechte 150 Mann verloren waren, so rückte es doch noch immer 550 Mann stark in die Schlachtlinie von Borodino. Man denke nun, wie viele am Abende jenes blutigen Tages noch am Platze waren: etwa dreißig und einige!

Sämtliche Offiziere waren mehr oder weniger stark verwundet und nur noch vier bis fünf von ihnen unverletzt. Ich war ebenfalls nicht unverletzt davongekommen; eine Kartätschenkugel hatte mich am rechten Hüftknochen und zwei Musketenkugeln mich am Arm und unter der Fußsohle verwundet. Die letztere Verwundung erhielt ich nicht von den Russen, sondern bei einem irrtümlich von einem westfälischen leichten Bataillon auf uns gerichteten Angriff.

Als wir nämlich kommandiert wurden, eine Abteilung Russen aus ihrer Stellung zu verdrängen und neben diesem Bataillon vorbeimarschierten, hielt der Kommandeur dieses, Major von Rauschenplatt, uns - wohl wegen unserer grünen Uniform - für Russen und ließ auf uns feuern[15]. Es war ein Glück für uns, dass wir von jenem Bataillon ziemlich weit entfernt waren, weshalb denn die Kugeln nur wenige der Unseren und zwar nur an den Füßen und Schuhen, verwundeten. Zur Strafe für jenes Versehen musste dieser Major von Rauschenplatt mit seinem Bataillon an unserer Stelle den Angriff auf den Feind machen, welchem Befehle er sich mit größter Tapferkeit unterzog.

Die beiden oben erwähnten kleinen Verwundungen verursachten mir zwar ein paar Tage hindurch Schmerzen; diese verloren sich jedoch bald. Die Verletzung durch die Kartätschenkugel aber lässt mich jetzt noch bisweilen Veränderungen des Wetters empfinden und ist oft Ursache gewesen, dass sich Rheumatismus dort hinzog, mich krank und unfähig machte, meine Dienstpflichten zu erfüllen.

Der Tag, an dem Tausende von Menschen ihr Leben verloren hatten, neigte sich zu Ende; aber das Gewimmer und das Klagegeschrei der Verwundeten dauerte fort. 80.000 Mann waren auf beiden Seiten kampfunfähig gemacht worden und 30.000 Leichen bedeckten das blutige Schlachtfeld.

Wir mussten abermals, wie früher, einige Tage auf dem Kampfplatz stehen bleiben, wo wir dann volle Gelegenheit hatten, uns mit den furchtbaren Szenen, die stets im Gefolge einer großen Schlacht sind, bekannt zu machen. Sie waren

---

15 Es war dies das 1.leichte Infanterie-Bataillon unter dem Kommando des Majors Adolf von Rauschenplatt. Kurios dabei ist, dass der genannte Offizier selber in den Jahren 1810 und 1811 Kommandeur des Bataillons Jäger-Carabiniers gewesen war.

hier zu schrecklich, als dass ich sie beschreiben könnte. Ich habe nie fürchterliche-re Tage erlebt, als die auf dem Schlachtfelde von Borodino; man sah weiter nichts als tote und sterbende Menschen und ein unausstehlicher Leichengeruch verpes-tete alles rings umher. Viele der Verwundeten starben auf dem Walplatze, andere genasen aber auch und es hatten sogar einige von ihnen das Glück, nach ihrer Hei-mat zurücktransportiert zu werden und so der nun bald folgenden schrecklichen Verwirrung und einem namenlosen Elend zu entgehen.

Zu diesen gehörte auch ein Jäger mit Namen Gocken, der bekannt war als guter Schütze. Er hatte viele Feinde erschossen - was ich selbst gesehen hatte -, während er unter dem dichtesten Kugelregen immer gut davonkam. Gegen Abend jedoch, als wir in dem bereits erwähnten Gebüsch dem Gewehrfeuer der feindlichen In-fanterie ausgesetzt waren, fuhr ihm eine Musketenkugel durch die Lende. Sein Geschrei in meiner Nähe machte mich bald auf seinen Zustand aufmerksam, ich brachte ihn sofort ins Feldlazarett, das in der Nähe des Schlachtfeldes in einer Ver-tiefung aufgeschlagen war und ließ ihn von unserem Bataillonsarzte untersuchen; dieser versicherte, die Kugel habe nur das dicke Fleisch getroffen und es sei kein Knochen verletzt, so dass der Verwundete sich selbst heilen könne. Ich riet ihm deshalb, sobald als möglich ins Vaterland zurückzugehen. Er befolgte meinen Rat, war auf seiner Reise glücklich und soll sich dem Vernehmen nach später in der Gegend von Paderborn aufgehalten haben.

Ich würde dieses Jägers und seines Schicksals, das an sich nichts Außerge-wöhnliches darbietet, nicht erwähnt haben, wäre er mir und sämtlichen Jägern nicht ein überzeugender Beweis gewesen, wie oft die Mutigsten, ja Tollkühnsten, aus den größten Gefahren unverletzt herauskommen. Dieser Jäger pflegte gemei-niglich beim Tiraillieren[16] sich an die Spitze vor die Front zu stellen, um den Fein-den desto näher zu sein und desto sicherer seine Büchse zu richten. Jedes Mal be-zeichnete er uns den, welchen er vom Pferde zu schießen beabsichtigte und immer hat er richtig gezielt. Fiel dann der Russe, so rief er: „Da liegt de Lork!" Endlich wurde er dann durch sein eben erzähltes Schicksal kampfunfähig.

4.Kapitel
Moshaisk und Moskau

Von dem Schlachtfelde aus folgten wir der großen Armee bis Moshaisk, wo-selbst wir in Kantonnementsquartiere kamen. Hier trafen wir, zum großen Glück für uns Ausgehungerte, frische Lebensmittel an. In den Gärten um die Stadt fan-den wir eine ungeheure Menge von schönem weißen Kohl, vielen Rüben und Gur-ken. Die Stadt selbst war leer von Menschen und wie überall war auch hier ein Teil der Häuser in Asche gelegt. Die Dörfer dieser Gegend waren schon lange vor un-serer Ankunft von den Russen selbst verbrannt worden; auch einige kleine Vor-städte von Moshaisk waren ein Raub der Flammen geworden.

---

[16] Tiraillieren - (veraltet/ franz.) Plänkeln, Gefecht in der aufgelösten Ordnung

Es ist leicht zu verstehen, dass die für uns so herrlichen Gärten bald ihrer Früchte beraubt waren. Hin und wieder entdeckten wir ein heimliches Gemach, einen vermauerten Keller, in dem Brot, Branntwein, Mehl und dergleichen versteckt war. Ein kostbarer Fund, der jedes Mal die größte Freude in uns erregte. Leider aber reichten die Vorräte nur für eine kleine Weile. Auch hier forderte die Unmäßigkeit ihre Opfer, man war schon zu lange aller ordentlichen Lebensmittel entwöhnt gewesen, als dass der schwache Magen nicht mit der größten Vorsicht hätte behandelt werden müssen. Es entstanden allerlei Krankheiten, von denen die bis hierher noch verschont gebliebenen Mannschaften fast alle heimgesucht wurden und die vielen aus Mangel an gehöriger Pflege den Tod brachte.

Unter anderem war dies mit meinem Freund, dem Oberjäger von den Wense, der Fall; er wohnte nicht weit von mir in einem kleinen Blockhause und war nicht weniger ausgehungert als wir alle, er klagte auch fortwährend über Hunger. Ich besorgte für ihn gern, soviel es mir möglich war, Gemüse und andere Lebensmittel, die er mit der größten Freude von mir annahm, weil er zu schwach war, um sich dergleichen selbst zu verschaffen. Ich hatte zu derselben Zeit noch zwei kranke Freunde, nämlich den Feldwebel Trott und den Sergeanten Brettschneider, die mit mir in derselben Blockstube wohnten, zu versorgen.

Eines Abends kam der Oberjäger von der Wense noch sehr spät zu mir und klagte über den furchtbarsten Hunger. Ich hatte noch eine ziemliche Portion gekochten Kohls, den er mit gierigem Hunger verzehrte. Dann kehrte er, von mir begleitet, wieder zu seinem Blockstübchen zurück. Am folgenden Morgen erwartete ich ihn vergebens und da ich gewohnt war, ihn jeden Morgen bei mir zu sehen, ging ich, ein Unglück ahnend, zu ihm. Ich fand ihn auf seinem Lager hingestreckt, mit derselben freundlichen Miene, die immer sein Gesicht verschönte; aber er war kalt und tot.

Als wir einstmals beim Durchsuchen der Keller in einem Sandhaufen eine Tonne antrafen, waren wir hocherfreut, in der Meinung, dass darin Kleidungsstücke oder Lebensmittel enthalten wären. Allein unsere Freude verwandelte sich in Verdruss, da wir nur Papierstücke in ihr fanden. Wir kannten deren Wert nicht und brauchten sie zum Feueranzünden usw., späterhin erfuhren wir jedoch, dass es sich um russisches Papiergeld gehandelt hatte und wir also in kurzer Zeit eine große Summen verbrannt hatten. Im Ganzen schmerzte uns das nicht; denn Geld - ob in Metall oder Papier - konnte uns ja, da hier durchaus nichts käuflich zu haben war, nichts nützen.

Während der Zeit, da wir in Moshaisk kantonierten, war die große Armee in Moskau selbst eingerückt; sie hatte seit Borodino keinen Widerstand mehr gefunden und die Stadt des Zaren sah zum ersten Male die französischen Adler innerhalb ihrer Mauern. Wir wurden öfters kommandiert, Transporte jeder Art nach Moskau zu begleiten und so traf es sich denn, dass auch ich, nachdem wir ungefähr 14 Tage in Moshaisk gewesen waren, mit neun Jägern einen portugiesischen Artillerie-Train nach Moskau begleiten musste. Wir marschierten damit am 26. oder 27. September von Moshaisk ab und kamen nach vier Tagen vor Moskau an.

So lag sie denn vor mir, die große Stadt mit ihren Palästen und goldenen Kuppeln, mit ihren zahllosen Häusern, die, wie Rom, auf sieben Hügeln erbaut waren, - aber ich sollte sie nicht mehr in ihrer ganzen unversehrten Herrlichkeit sehen; schon schlugen die Flammen gen Himmel, die Russlands größte Stadt bald in einen Schutthaufen verwandelten. In den Straßen herrschte eine allgemeine Verwirrung; Soldaten von allen Regimentern liefen durcheinander, in den verschiedenartigsten Sprachen scheltend und fluchend. Hier waren die Wege durch Wagen, dort durch die Trümmer der verbrannten Häuser gesperrt. Wir mussten drei volle Tage warten, ehe es uns gelang, den Chef ausfindig zu machen, an den wir den eskortierten Train gegen einen Empfangsschein abzuliefern hatten.

Vor der Stadt befanden sich große, unabsehbare Gärten, fast mit allen Gemüsearten, Kartoffeln ausgenommen, versehen; hier biwakierten auch die Regimenter, die in der Stadt keinen Platz fanden. Zufällig traf ich hier das 2.westfälische Linien-Regiment, bei dem ich einen Freund hatte, der mich reichlich mit Kaffee, Zucker, Tee und dergleichen beschenkte, soviel ich nur tragen wollte und konnte; auch gab er mir ein paar feine schöne Hemden, die mir äußerst willkommen waren. Mit diesen Geschenken kehrte ich am fünften Tage von Moskau zurück nach Moshaisk.

Auf dem Rückmarsche begegnete uns ein portugiesisches Kavallerie-Regiment, das nach Moskau marschierte und etwa eine Stunde vorher von einem Trupp Kosaken beunruhigt worden war. Ein Rittmeister von diesem Regiment, der der deutschen Sprache kundig war, sagte mir, dass wir ja auf unserer Hut sein und uns stets zusammenhalten möchten. Dann zeigte er in der Ferne einen Fichtenwald, der sich zur rechten Seite an der großen Heerstraße entlang zog, mit dem Bemerken, dass dieser Wald wohl der Zufluchtsort der Kosaken sei und dass sich darin wohl ein paar tausend Mann versteckt hielten. Es hatten sich noch etwa 50 bis 60 Mann von einem badischen Regimente mit vier Unteroffizieren zu uns gesellt, die ebenfalls in der Nähe von Moshaisk kantonierten und auch Furagewagen nach Moskau gebracht hatten. Wir marschierten nun auf den Rat des Rittmeisters in Reih und Glied nebeneinander.

In der Nähe des erwähnten Waldes zeigten sich auch wirklich Kosaken; es mochten ungefähr 150 Mann sein, die auf uns lossprengten. Wir hatten mit den Badischen verabredet, nicht eher zu feuern, als bis die Feinde ganz in unsere Nähe gekommen wären; wir Jäger wollten dann jeder unseren Mann auf Büchsenschussweite nehmen, damit wir Zeit gewännen, wieder laden zu können. Als sich nun die Feinde auf etwa 180 Schritte genähert hatten, zielte jeder von uns Jägern auf seinen Mann und mit dem einmaligen Abfeuern unserer Büchsen und den Geleitschüssen unserer Badener waren sämtliche Kosaken wieder verschwunden. Wir gelangten nun, ohne weiter beunruhigt zu werden, nach Moshaisk zurück; hier hatte man ebenfalls von der Nähe der Kosaken gehört und vermutete einen Überfall von ihnen. Es waren daher einige Verschanzungen an dem Flusse aufgeworfen worden, der sich längs der Westseite der Stadt hinunterzieht.

Obgleich wir nun jede Nacht dieser feindlichen Gäste gewärtig waren und fast immer unter dem Gewehre stehen mussten, fanden es die Kosaken doch nicht für geraten, uns mit ihrem Besuche zu überraschen; solange wir in Moshaisk waren, sahen wir keinen einzigen von ihnen.

5.Kapitel
Von Moskau zurück

Es mochte etwa der 12. oder 14.Oktober sein, als die Nachricht bei uns eintraf, dass alle diejenigen Kranken und Verwundeten, deren Genesung zu erwarten wäre, zurückgeschafft und dass dazu alle verfügbaren Wagen und Pferde verwendet werden sollten. Man hätte, wäre es nicht gar zu traurig gewesen, lachen müssen über die Tausende von Kranken, die auf einmal alle wieder kräftig waren, um die lange Heimreise ins Vaterland antreten zu können. Fast ganz Verstümmelte und dem Tode schon halb Verfallene wurden, so gut es ging, wieder rührig, um zu zeigen, dass sie zur Genesung wirklich fähig seien; sie fühlten nun keine Schmerzen mehr und meinten, ihre Kräfte reichten aus, noch durch die ganze Türkei marschieren zu können.

Leider waren nun zwar viele Wagen, aber keine Pferde mehr vorhanden und es konnte kaum der zehnte Teil von der kranken Mannschaft transportiert werden. Um diejenigen, die zurückblieben, kümmerte man sich nun nicht weiter; man sah sie als Todeskandidaten an, die bald das Ziel ihres ruhmreichen Lebens erreichen würden. Die Armen sind auch alsbald auf ihren harten Lagern gestorben. Aber auch dem Transporte der Kranken erging es nicht viel besser; er geriet gleich in den ersten Tagen seines Abmarsches in die Hände der Russen; die Kranken sind entweder getötet oder in die Gefangenschaft geschleppt worden. Auch der Feldwebel Trott und der Sergeant Brettschneider, von denen ich früher erzählt habe, befanden sich unter den Genesenden, die mit diesem Krankentransporte vorausgeschickt wurden. Späterhin habe ich in Erfahrung bringen können, dass Brettschneider bei der Gefangennahme des Transportes umgekommen, Trott sich aber in der Gefangenschaft wieder erholt habe und nach der Auslieferung in preußische Dienste getreten sei.

Einige Tage nach dem Abgang des Transportes kam die Order, uns jede Stunde zum Aufbruch bereit zu halten; die schönen Furagewagen, wenigstens 80 Stück an der Zahl, wurden verbrannt oder in die Luft gesprengt, auch mehrere Kanonen vernagelt und in die Moräste versenkt.

Am 28.Oktober des Abends trat der Kaiser von Moskau in Moshaisk ein und wir erhielten nun Befehl, am anderen Morgen frühzeitig abzumarschieren. So war denn der Feldzug entschieden und zwar zu unserem Nachteil. Der Kaiser konnte sich nicht in Moskau den Winter über halten; er musste den Russen das Feld räumen.

Unser Brigadegeneral Legras, ein schon bejahrter Mann, bei dem ich tags zuvor als Ordonnanz gewesen war, sagte mir, wir würden von nun an den Kaiser bis an die Grenzen Russlands zurückbegleiten; auch wären viele Lebensmittel und 100.000 Mann frischer Truppen auf dem Anmarsche um uns abzulösen und die Nachhut zu decken; in Smolensk würden wir auch Tage der Ruhe und Verpflegung haben usw. Man kann leicht sich denken, mit welcher Freude wir diese Nachrichten aufnahmen. Obgleich der Winter nahe war und wir lange, öde Märsche vor uns hatten, so gab uns doch der Gedanke an die Heimat neuen Mut und neue Kraft; auch erwarteten wir jeden Tag die frischen Truppen und Lebensmittel, von denen uns so viel gesagt worden war.

Aber ein Tag nach dem anderen verging, diese Truppen erschienen nicht und die Lebensmittel wollten sich noch immer nicht zeigen; dabei stiegen Kälte und Hunger auf das Äußerste. Auch an ordentliche warme Kleidung war nicht zu denken und der raue, nordische Winter mit seiner grausamen Strenge konnte ungehemmt auf unsere entkräfteten, schwachen Körper losstürmen. Hinzu kam noch, dass wir, solange sich der Kaiser in unserer Nähe aufhielt, uns fast fortwährend mit den Kosaken herumschlagen mussten, die für ihr Leben gern den großen Feind Russlands gefangen fortgeführt hätten.

Glücklich waren diejenigen, die sich des an der Straße liegenden Pferdefleisches bemächtigen konnten und Zeit genug hatten, es sich auf dem Ladestock zu rösten; selbst die auf dem Hinmarsche schon gefallenen Pferde, die zum Teil in Fäulnis übergegangen, zum Teil eine Beute der Vögel und Mäuse geworden waren, wurden für eine Delikatesse angesehen und ihr Fleisch mit wahrem Heißhunger verschlungen. Bald war Pferdefleisch das einzige Nahrungsmittel, das uns geblieben war; aber nur selten hatten wir jetzt Gelegenheit, es braten oder kochen zu können, weil oft lange, unabsehbare Strecken vor uns lagen, wo wir auch nicht die geringste Spur von Brennmaterial auftreiben konnten. Und war man einmal so glücklich gewesen, einiges Holz zu finden, um Feuer machen zu können, so diente dies den Kosaken als Zielscheibe ihrer Kanonen; denn diese Teufel, die uns jetzt unablässig umschwärmten, pflegten es nie zu unterlassen, mit schrecklicher Treffsicherheit auf die einzelnen von uns angelegten Biwakfeuer zu schießen. Durch dieses scheußliche Manöver verloren wir eine Unzahl Menschen und ich kann es bis jetzt noch immer nicht begreifen, wie ich, oft unter einem wahren Hagel von Kartätschenschüssen, stets unversehrt blieb und dass ich nicht, wie so viele andere, getötet wurde.

Am 30.Oktober morgens zwischen 09.00 und 10.00 Uhr erreichten wir das Schlachtfeld von Borodino. Hier wurde Halt gemacht und das ganze westfälische Militär in Front aufgestellt. Gleich darauf kam der Kaiser mit seiner zahlreichen Suite herangeritten, es wurden Honneurs[17] gemacht und darauf mit geschultertem Gewehre im langsamen Schritt über das Schlachtfeld marschiert; der Kaiser ritt mit gezogenem Degen an der Spitze seiner Suite langsam vor uns her, während die Marschälle und die ganze Generalität die Dreimaster in der Hand hielten. Es war gewiss ein herzzerreißender Anblick, die vielen tausend Leichen zu sehen, die zum Teil grässlich verstümmelt dalagen und er, der sie in Kampf und Tot gejagt hatte, ritt über sie hinweg. Ich möchte die Gefühle kennen, die in diesem Augen-

---

17 Honneurs - (franz.) Ehrenbezeugungen

blicke die Seele des Kaisers durchströmten. Bei dem geschlossenen Frontmarsche war es nicht zu vermeiden, fast fortwährend auf Leichen zu treten.

Nachdem wir das Schlachtfeld verlassen hatten, kamen wir nach zwei Stunden in die Nähe des Klosters Borodino, woselbst eine kurze Rast gemacht wurde. In diesem Kloster befand sich eine ungeheure Menge verwundeter und verstümmelter Krieger. Der Anblick dieser Elenden war noch schrecklicher als der des Schlachtfeldes; sie streckten Kopf und Hände aus den geöffneten Fenstern und riefen ihre Waffengefährten um Hilfe an - der grässliche Schmerz, das Heimweh, nagte an ihren Herzen. Sie baten unter Tränen, man möchte sie doch mitnehmen und nicht hier sterben lassen, so weit entfernt von den Ihrigen. Doch konnten wir helfen? - Damit das Jammern dieser Unglücklichen uns nicht zu sehr entmutigte, wurde es den Truppen verboten, sich dem Kloster zu nähern und sein Besuch aufs Strengste untersagt.

Nachdem wir eine Weile gerastet hatten, wurde der Marsch auf der großen Straße nach Orschati fortgesetzt. Es verbreitete sich alsbald das Gerücht unter uns, das Kloster sei unterminiert und solle mit den darin befindlichen Verwundeten in die Luft gesprengt werden. Ob solches wirklich geschehen ist, kann ich nicht angeben; nur soviel ist mir noch deutlich in der Erinnerung geblieben, dass wir, nachdem wir das Kloster zwei bis drei Stunden hinter uns hatten, eine Explosion von dorther hörten und eine dunkle Staubwolke in der Gegend sahen. Jedoch waren unsere Gefühle durch den täglichen Anblick des namenlosesten Elends und unseres eigenen Unglücks schon zu sehr abgestumpft, als dass wir uns um das Schicksal anderer noch sonderlich gekümmert hätten; wir kannten bald das Mitleid nur noch dem Namen nach und waren allein darauf bedacht, unser eigenes elendes Leben, auf welche Art es auch sei, zu erhalten.

Wir passierten die eingeäscherten Städte Orschati und Wjasma; wir verwünschten das Unheil des Krieges, das uns jegliches Obdach genommen hatte; doch lebten wir noch immer in der Hoffnung, dass uns nun bald frische Truppen und vor allem frische Lebensmittel entgegen geführt würden.

Der Kaiser ritt oder fuhr, je wie das Wetter war, jeden Tag ruhig in unserer Mitte. Man konnte seinen ernsten Zügen, die sich nie veränderten, mochte die Sonne von Austerlitz oder die Flammen Moskaus sich darauf spiegeln, nicht die Spur von Unmut ansehen; wäre nicht die zerlumpte Armee, nicht überall das grenzenlose Elend gewesen, man hätte ihn für den Herrn von Russland halten müssen, der ganz ruhig sein Land durchreiste.

Wir kamen in der Nähe von Wjasma an. Nur noch die Ruinen einiger Mauern verrieten uns, dass hier früher eine Stadt gestanden hatte. Die Asche der verbrannten Häuser war von 1½ Fuß hohem Schnee überdeckt. Die einbrechende Finsternis sowie der sehr ermüdende Marsch, den wir an diesem Tage gemacht hatten, nötigten uns, hier zu übernachten; der Kaiser lagerte sich hinter einer noch stehenden Mauer, um sich vor dem scharfen Ostwinde zu schützen. Er war, von einem Adjutanten und zwanzig polnischen Lanzenreitern abgesehen, ganz allein; wir marschierten dicht an ihm vorbei und lagerten uns in seiner Nähe.

Mit vieler Mühe erlangten wir, fast eine Stunde weit von unserem Lagerplatze entfernt, etwas Holz und nur spärlich brannten daher die Feuer in dieser stürmischen, kalten Nacht. Immer während fiel der Schnee in dichten Massen herab und wurde von dem schneidenden Winde in unsere Gesichter getrieben. Selbst den Kosaken musste diese Nacht zu unfreundlich sein, denn sie störten uns nicht. Hätten sie übrigens gewusst, wie wenig geschützt der Kaiser von Frankreich hinter einer Brandruine in Wjasma lag - ich glaube, sie wären doch gekommen, trotz Sturm und Schnee.

Gegen Morgen hörte das Schneetreiben auf. Viele der Unsrigen waren während des Schlafes erfroren und mit Abscheu und schrecklichen Ahnungen verließen wir diesen Ort der Verwüstung und des Todes.

Von jetzt an bemächtigte sich der Truppe eine dumpfe Verzweiflung. Sie hörten nicht mehr auf die Befehle ihrer Vorgesetzten und verließen den großen Heerhaufen, um für sich einen besseren und bequemeren Weg in die Heimat zu finden. Diese Unglücklichen erfroren und verhungerten oder wurden eine Beute der Kosaken.

Von Wjasma erreichten wir in drei Tagesmärschen Dorogobusch. Wir biwakierten neben dieser Stadt an einem sanften Abhange. Dies war ein schreckliches Biwak; die Kälte und das Schneegestöber wurden immer stärker, wenn ich nicht glücklicherweise noch etwas Zucker und Kaffee bei mir gehabt hätte, woraus ich mir ein erquickendes warmes Getränk bereitete, so wäre auch ich gewiss hier ein Opfer des Todes geworden. Allein fast immer gab mir die Vorsehung Mittel, die mein Leben fristeten.

Von Dorogobusch marschierten wir nun auf Smolensk. Dieser Marsch war insofern etwas besser für uns, als uns die an der Straße sich hinstreckenden großen Fichtenwaldungen genug Brennmaterial lieferten und uns die Kosaken vom Leibe hielten. Dann lebten wir auch der festen Hoffnung, dass wir in Smolensk endlich Truppen und Lebensmittel vorfinden würden.

Wirklich begegnete uns auch unterwegs das 8.westfälische Infanterie-Regiment, dass noch ziemlich vollzählig war. Dieses Regiment war erst spät im Herbst von Danzig aus nach Russland aufgebrochen, hatte auf diesem Marsche bisher noch ziemlich gute Verpflegung genossen und wenig oder gar nicht vom Feinde gelitten. Man kann sich leicht denken, wie sehr der Anblick dieser, wenn auch geringen Truppenzahl unsere Hoffnungen wieder neu belebte und stärkte. Wir glaubten nun bald das Ende unserer Mühseligkeiten erreicht zu haben und überließen uns den süßen Träumen, bald das Glück den Fahnen des Kaisers wieder lächeln zu sehen.

Ich traf unter dem westfälischen Regiment einen Bekannten, den Sergeant-Major Brandes, der mir einen köstlichen Leckerbissen, ein Stück Brot, schenkte, wofür ich ihm etwas Kaffee und Zucker gab. Es wurde nun auf der Stelle in einem der noch gut erhaltenen Feldkessel des angekommenen Regiments, die unsrigen waren längst verbraucht und verloren, eine tüchtige Portion Kaffee zubereitet und dazu ein Stück Brot gegessen. Seit langer Zeit das erste Mal, dass ich etwas anderes als Pferdefleisch zu meinem Kaffee hatte; ich hatte mich so gesättigt, dass ich in zwei Tagen an kein Pferdefleisch mehr dachte.

Viele der Unsrigen machten hin und wieder einen so genannten Abstecher, um etwas Lebensmittel aufzutreiben, aber sie kamen gewöhnlich sehr schlecht dabei weg. Wir sahen sie entweder gar nicht wieder oder sie kamen zurück, ohne das Geringste gefunden zu haben. Gewöhnlich hatten sie vor den Kosaken die Flucht ergreifen müssen.

Am dritten Tage nach unserem Abmarsche von Dorogobusch kamen wir bei starkem Schneegestöber und zunehmender Kälte in ein kleines Tal, das ringsumher von Wacholdergebüsch umgeben war. Da wir die Nacht darin biwakieren mussten, so hatten wir kein anderes Brennmaterial als die verkrüppelten Wacholderbüsche. Die Kälte war in dieser Nacht so heftig, dass man sich bei dieser schlechten Feuerung kaum am Leben erhalten konnte. Ich hatte mich fast die ganze Nacht hindurch mit dem Anfachen der Flamme beschäftigt und da wir auch diese Nacht von dem Besuche der Kosaken verschont blieben, setzte ich mich erst gegen Morgen auf meinen Ranzen, mit dem Rücken gegen die noch glimmenden Kohlen gewandt. Kaum hatte ich eine Viertelstunde so gesessen, als ich einschlummerte; aber bald erwachte ich wieder von einer ziemlich heftigen Hitze, die sich über meinen Rücken verbreitete. Ich bemerkte gleich, dass meine Kleidungsstücke hinten in Flammen standen und warf mich eilends in den Schnee, wodurch ich das Feuer auch alsbald wieder löschte; indes war mein Mantel und auch die Uniform hinten bis aufs Hemd herab den ganzen Rücken entlang verbrannt.

Dieser unangenehme Vorfall beraubte mich eines großen Teils des Mutes, den ich noch immer in mir aufrecht zu erhalten gewusst hatte. Zwar hätte ich Mäntel und sonstige Kleidungsstücke, die aber auch fast alle vom Feuer gelitten hatten, von den in dieser Nacht erfrorenen Kameraden nehmen können. Aber ein unbesiegbarer Widerwille bemächtigte sich meiner, als ich die vielen Opfer der Nacht, zu einem Knäuel gekrümmt, tot neben oder auf der Asche der erloschenen Feuer liegen sah. Es war mir nicht möglich, bei diesem Anblicke die Kleidungsstücke der steif gefrorenen Leichen an mich zu nehmen. Ich hütete, so gut ich konnte, mein verbranntes Zeug vor dem gänzlichen Auseinanderfallen und behalf mich damit; ich hoffte ja auch, in Smolensk warme Winterkleider zu bekommen.

Der Kaiser hatte ungefähr eine Viertelstunde jenseits unseres kleinen Tales die Nacht zugebracht; gegen 09.00 Uhr morgens traf er wieder bei uns ein und wir marschierten mit ihm, wie bisher, den Tag hindurch bis an einen Fichtenwald, wo das Nachtquartier aufgeschlagen wurde. Wir fanden auf der Ebene vor dem Walde einige frisch gefallene Pferde, worunter auch russische Pferde waren. Man konnte das deutlich unterscheiden, da die russischen Pferde besser im Fleisch waren als die unsrigen und auch viel angenehmer schmeckten.

Es musste also hier wohl vor einigen Tagen ein Treffen stattgefunden haben. Nachdem wir nun, um uns vor dem schneidenden Ostwinde zu schützen, ein flackerndes Feuer angezündet hatte, wurden die Kosakenpferde gebraten und mit dem größten Appetit verzehrt. Diese Nacht war, im Vergleich zu der vorigen, herrlich für uns zu nennen.

Am folgenden Tage marschierten wir auf der großen Straße weiter und überschritten den Dnjepr; es sammelten sich viele Truppen verschiedener Nationen um uns, die, von dem großen Heerhaufen abgekommen, gänzlich ohne Disziplin und Haltung waren und sich nur mit der größten Mühe fortschleppten; sie hofften, wie wir, auf Smolensk. Unsere frühere Sehnsucht nach Moskau konnte nicht größer sein, als nun das Verlangen die Festung Smolensk bald zu erreichen. Wir hofften fest auf das Ende unserer Mühseligkeiten, auf Ruhetage an warmen Kaminen und bei gefüllten Fleischtöpfen.

Am 10.November nachmittags 03.00 Uhr langten wir endlich vor Smolensk an und alsbald fanden wir, dass wir uns in unseren Hoffnungen und Vermutungen ganz schrecklich getäuscht hatten. Das zerstörte Smolensk wimmelte von Truppen aller Gattungen und Nationen - es war kein Platz mehr da, um auch nur noch einen Mann hier einquartieren zu können. Das westfälische Korps, das ungefähr noch 1.200 bis 1.400 Mann stark war, musste vor der Festung, gegen Osten hin, auf einer sanften Höhe ein Biwak beziehen. An Lieferungen von Lebensmitteln war auch gar nicht zu denken, die französischen Garden hatten alle Magazine gewaltsam geleert. Jedoch hatte sich die Kälte etwas gelegt und es war wenigstens erträglich in unserem Biwak; wir wären gern zufrieden gewesen, hätten wir nur noch einmal eine andere Speise gehabt als Pferdefleisch.

Die Umgegend von Smolensk ließ nicht vermuten, dass hier irgend etwas Genießbares zu finden wäre; gleichwohl machte ich mich auf, um mein Glück zu versuchen und schlug ganz allein einen Seitenweg ein, der nach einem ungefähr eine halbe Stunde vom Biwak entfernten Fichtenwalde führte. Im Walde selbst lag hoher Schnee und am Saume war keine menschliche Spur zu sehen. Als ich aber etwas weiter in das Gehölz eingedrungen war, sah ich, wie ein Mann, ein Pferd an der Hand führend, auf mich zukam. Seit langer Zeit gewohnt, hinter jedem Busche Kosaken lauern zu sehen, war ich der Meinung, es wäre einer dieser Lanzenreiter, der mir in den Weg käme. Ich nahm meine Büchse vom Riemen, fest entschlossen, den Kosaken ohne weiteres zu erschießen.

Als ich jedoch näher herzugekommen war, gewahrte ich, dass es ein wehrloser, russischer Bauer war, der ein junges, lahmes Pferd mit sich führte. Dies gab mir die Aussicht auf eine seltene Beute; ich gab dem Bauern durch Zeichen zu verstehen, dass er sich entfernen solle, ich würde sein Pferd mit mir nehmen. Er hatte mich wohl verstanden, fiel auf die Knie und bat mich in den flehentlichsten, mir jedoch unverständlichen Lauten, dass ich ihm doch das Pferd lassen möchte. Allein der Hunger kennt kein Mitleid und ist ein gebieterischer, strenger Herr; ich erstach das Pferd vor seinen Augen, nahm Herz, Leber und soviel ich nur tragen konnte und kehrte nach dem Biwak zurück. Hier sagte ich, dass man, wenn man meiner Spur folgte, dort im Walde ein frisch geschlachtetes Pferd finden würde. Dies brauchte ich nicht zweimal zu sagen; nach dem Verlauf von einer Stunde war das ganze Pferd schon in den Kochtöpfen oder zum Rösten auf die Ladestöcke gespießt; sogar die Hufe wurden verzehrt. Leider hatte es jedoch an Ort und Stelle zwischen den vielen Hungrigen Streitigkeiten gegeben; mehrere kamen mit blutigen Köpfen und ganz unverrichteter Sache zurück.

Wir blieben im Biwak vor Smolensk drei Tage; am vierten Tage morgens zwischen 10.00 Uhr und 11.00 Uhr hörten wir den Donner der Kanonen von der Nachhut her; im selben Augenblicke traf auch die Order zum Aufbruch bei uns ein.

Als wir aus Moshaisk marschierten, wussten wir wohl, dass die Nachhut unter Ney, Davoust und Eugen noch 100.000 Mann stark sei; allein als wir von Smolensk aufbrachen, hörten wir zugleich von mehreren Nachzüglern, dass die Armee, unter dem Oberbefehl des Marschalls Ney, kaum noch 20.000 Mann stark sei und seit dem Rückzuge aus Moskau vom Feinde furchtbar zu leiden gehabt hätte. Von denselben Soldaten erfuhren wir auch, dass die vom Feinde verfolgte Nachhut nur noch einen Tagesmarsch hinter uns wäre.

Am Tage unseres Ausmarsches von Smolensk kam auch der Kaiser, den wir seit vier Tagen nicht gesehen hatten, wieder in unsere Mitte. Zugleich stieg seit diesem Tage auch die Kälte wieder und wenn wir uns bei dem gelinden Wetter im Biwak vor Smolensk und bei dem gekochten frischen Pferdefleische etwas erholt hatten, so fingen nun die alten Leiden und Mühseligkeiten wieder von vorn an. Hierzu kam noch der für mich traurige Umstand, dass meine fast verbrannte Kleidung mir die Kälte um so fühlbarer, ja, fast unerträglich machte.

Am ersten Abend unseres Abmarsches, als wir ungefähr drei bis vier Stunden zurückgelegt hatten, wurde auf einer Ebene an der rechten Seite der großen Straße Halt gemacht. Wir wussten anfangs nicht, ob wir hier übernachten oder noch weiter marschieren würden; indes zeigte sich bald, dass wir nur so lange die Militärstraße hatten räumen müssen, bis die 10.000 Mann französischer Garde, die in Smolensk verpflegt und einquartiert gewesen waren, vorgeschoben werden konnte. Dieser Zug dauerte bis spät in die Nacht hinein. Die Erbitterung der Unsrigen, während die Franzosen vorüberzogen, war fürchterlich und machte sich bald in den schrecklichsten Verwünschungen und Flüchen Luft.

Das war ganz natürlich; während wir immer hinten angesetzt wurden, allen Gefahren die Stirn bieten und Hunger und Elend im höchsten Maße ertragen mussten, hatten die Garden Brot, Fleisch und Branntwein nie gänzlich entbehren brauchen. Sie hatten weniger getan und weniger gelitten als wir und wurden dennoch viel besser verpflegt. Indessen half das Fluchen und Schimpfen nichts; wir mussten stehen und frieren, bis die Garden vorüber waren. Der Kaiser verweilte ebenfalls solange bei uns und die Vorüberziehenden riefen ihm ein immer währendes *„Vive l'Emereur!"* zu.

Jetzt setzten wir uns wieder in Bewegung. Nachdem wir ungefähr eine Strecke von einer Dreiviertelstunde zurückgelegt haben mochten, kamen wir in die Nähe eines Baches, der von Ellerngebüsch umgeben war. Hier wurde biwakiert und auch die Franzosen sahen sich in die Notwendigkeit versetzt, nicht weit von uns ein Biwak zu beziehen.

Die Nacht war sternenhell, die Kälte aber bis zu einem furchtbaren Grade gestiegen. Als wir am anderen Morgen an die Stelle kamen, wo die französischen Garden gelagert hatten, fanden wir eine große Anzahl steif gefrorener Leichen. Noch vor Tagesanbruch wurde auch mir bei dem spärlichen Feuer die Kälte unerträglich. Da ich in der Ferne ein großes Feuer bemerkte, so begab ich mich mit einem Jäger, namens Eggeling, dorthin. Wir fanden hier eine Menge Menschen von allen Truppengattungen, fast alle aber ohne Waffen; sie hatten sich um ein einzeln stehendes Bauernhaus gestellt, das von ihnen, um sich erwärmen zu können, in Brand gesteckt worden war. Diese Unglücksgefährten, worunter viele Württemberger, Bayern und Badener waren, räumten uns für den Augenblick ein Plätzchen ein, damit wir unsere fast ganz erstarrten Glieder erwärmen konnten, zumal ich mit entblößtem Rücken einhergehen musste.

Bei Tagesanbruch sahen wir an Ort und Stelle mehrere Schutthaufen, zerfallene Mauern usw., und Eggeling behauptete, hier müsse ein Dorf gestanden haben. Ich pflichtete ihm bei, da die noch stehenden Brandruinen deutlich seine Behauptungen bestätigten. Wir beschlossen daher, nachzusuchen, ob sich hier nicht noch Lebensmittel oder andere für uns wünschenswerte Gegenstände auffinden ließen. Wir durchstrichen die ganze Umgegend, den Hirschfänger in der Hand und durchsuchten damit an mehreren Stellen, wo Backöfen gestanden hatten oder Mauern noch hervorragten, den Erdboden; allein wir entdeckten nichts und wollten schon jegliche Hoffnung aufgeben, als wir, noch einmal ans Feuer tretend, um uns zu erwärmen, auf eine Stelle kamen, wo der Schnee nicht so hoch lag wie ringsum. Ich stampfte mit den Füßen auf die Erde und hörte einen hohlen Klang unter mir. Sogleich rief ich Eggeling herbei, der meine Meinung teilte, hier müsse etwas in der Erde verborgen sein. Aber womit sollten und konnten wir diesen Keller öffnen?

Es kostete viele Mühe; indes gelang es uns endlich nach stundenlanger Anstrengung, mit dem Hirschfänger eine Öffnung in die Erde zu machen und wir sahen unsere unverdrossene Mühe auf das reichlichste belohnt. Wir fanden nämlich eine große Anzahl schöner neuer Schafpelze, vier Brote, einen Beutel mit Mehl, 40 bis 50 Eier und etwas Fett.

Wer war glücklicher als wir! Eggeling und ich nahmen jeder einen Pelz, der besonders meinen nackten Rücken sehr zustatten kam, teilten uns die Lebensmittel und gingen dann zu unseren Kameraden zurück, die eben im Begriff standen, weiter zu marschieren. Wir erzählten von unserem reichen Funde und bezeichneten Ort und Stelle, wo die noch übrigen Schafpelze zu finden waren.

Ich kann wohl behaupten, dass mein Pelz und die aufgefundenen Lebensmittel mich dem Tode, der mich, bei meinem Mangel an den notwendigen Kleidungsstücken und der langen Entbehrung nahrhafter Speisen, bald hätte erreichen müssen, entrissen haben. Indes konnte ich mich dennoch nicht von meinem verbrannten Mantel trennen und trug ihn stets über dem neuen Pelz.

Je näher wir der Grenze Polens kamen, desto weniger war auch nur an eine Spur von Ordnung und Regelmäßigkeit unter den Truppen zu denken. Die Straße wimmelte von Soldaten aller Art, die planlos durcheinander marschierten und bald hier, bald dort Halt machten; Leichen und Wagen versperrten nicht selten den Weg.

Vor uns schlug sich der Marschall St.Cyr mit den Russen; dicht hinter uns konnten Murat, Ney und Eugen mit ihren zerstückelten Korps, die seit dem Abmarsche von Moskau um Zweidrittel zusammen geschmolzen waren, kaum mehr den heftigen Angriffen der Feinde widerstehen.

Auch das VIII.Korps, bei dem ich noch immer in Reih und Glied marschierte und das aus noch 800 Mann bestehen mochte, musste sich täglich mit dem Feinde schlagen, was bei dem Mangel an Waffen gewiss nicht leicht war, zumal unsere Körper ermattet, unser Mut durch die vielen Unglücksfälle schier gewichen und unsere Glieder steif gefroren waren. Dazu verbreitete sich das Gerücht, der General Kutusow bedrohe mit 100.000 Mann unsere Flanke. Mich wunderte, dass die Russen nicht die ganze noch übrig gebliebene französische Armee gefangen nahmen; es wäre ihnen bei unserem Zustande ein leichtes gewesen.

Wir marschierten durch die verbrannten Städte Korythnia und Krasnoi. Etwa zwei Stunden vor dem letzte Orte kam es zu einem starken Gefechte mit den Russen und hier mussten die noch immer geschonten und aufgesparten Garden ins Feuer. Die russische Artillerie brachte eine große Unordnung in unseren Reihen hervor; indes drangen die Garden mutig vor und die Russen zogen sich bald wieder zurück. Der Kaiser hielt mitten im Gefecht und war Zeuge von dem Verderben, das uns die feindlichen Kartätschen brachten. Die Unordnung erreichte hier ihren Gipfel, man lief durcheinander, hörte auf kein Kommando, auch kein Zureden mehr; jeder war nur für sich und auf seine eigene Rettung bedacht.

Obgleich wir noch immer auf der großen Heerstraße unseren Weg fortsetzten, so konnten wir doch kaum des Tages über drei Stunden marschieren; Ermüdung, die Überfüllung der Straße mit Soldaten, die eingerissene Unordnung hinderten uns daran. Indes hielt uns noch immer die Hoffnung aufrecht, dass wir der Grenze Polens täglich näher kämen und wir hofften gewiss auf Erlösung von unseren Leiden.

In der Nacht vom 20. auf den 21.November verlor ich auch meinen Kapitän von Reichmeister und soviel ich mich auch erkundigte, habe ich doch nie wieder eine Spur von ihm gefunden. Es war dies eine furchtbar kalte Nacht, der Nordwind hatte sich zu einem wütenden Schneegestöber verbunden. Ich hatte mich in meinen Pelz gewickelt und hinter eine Brandmauer gelegt, ohne mich erst mit Feuer anzünden abzumühen.

Gegen Morgen weckten uns die russischen Kanonen; als ich nun keinen Offizier mehr von unserem Bataillon auffinden konnte, eilte ich mit einigen Kameraden, so gut es gehen konnte, weiter. Ich verabredete mit ihnen, die so wie ich keinem Kommando mehr angehörten, dass wir stets zusammenhalten und unser ferneres Schicksal miteinander teilen wollten.

Seit diesen Tagen habe ich auch den Kaiser Napoleon nicht mehr gesehen und wurde erst später gewahr, dass er auf einem Schlitten uns vorangeeilt war.

6.Kapitel

An der Beresina

Wir marschierten nun jeden Tag mühsam weiter und gelangten unter fortwährendem Gedränge nach Borisow. Die Kälte hatte bedeutend nachgelassen und wir mussten nun mit zerrissenen Schuhen und fast bloßen Füßen bis an die Knöchel im Kot waten. Mein Pelz wurde mit in diesen Tagen beinahe zur Last und wären die Nächte nicht noch immer so kalt gewesen, würde ich ihn gewiss zurückgelassen haben. Wir schleppten uns also, so gut es gehen wollte, vorwärts und näherten uns immer mehr dem Ufer der Beresina.

Man sagte uns, das jenseits dieses Flusses und namentlich in Wilna Winterquartiere bezogen werden sollten und Speicher und Magazine vorhanden seien. Alles strebte nun, bis zur Beresina zu gelangen. Halbverhungerte, gänzlich Ermattete, die eher Gespenstern ähnlich sahen als Soldaten der Großen Armee, schleppten sich mühsam ihres Weges; viele andere sanken schon in den ersten Tagen des Marsches nieder und streckten vergebens die Arme nach ihren Kameraden aus, sie unter Tränen anflehend, man möge sie doch mitnehmen bis an die Ufer der Beresina. Allein niemand kümmerte sich um das Elend des Einzelnen; jeder suchte sich selbst aus dem allgemeinen Elend zu retten, so schnell als möglich weiterzukommen, um nicht den rasch nachdringenden Feinden in die Hände zu fallen. Die Armen, die unterwegs vor Erschöpfung liegen bleiben mussten, gerieten entweder in die Gewalt der Russen, starben vor Hunger oder wurden von den Hufen der feindlichen Rosse und den Rädern der russischen Kanonen zermalmt.

Ich gelangte mit meinen Kameraden, von denen wir jedoch einen unterwegs krankheitshalber hatten zurücklassen müssen, am 26.November abends spät in die Nähe der Beresina. Wir trafen daselbst mit noch zehn Mann von unserem Bataillon zusammen. Von ihnen hörten wir, dass die Russen die Brücke, die bei Borisow über die Beresina führte, abgebrochen hätten, dass aber auf den Befehl Napoleons schon neue geschlagen würden.

Es herrschte hier ein unbeschreibliches Gedränge von Soldaten, Pferden, Kanonen, Wagen, Weibern und Kindern, Sterbenden und Verwundeten. In furchtbarer Selbstsucht, in Lebensverzweiflung opferte der Soldat seinen Kameraden, die Mutter ihre Kinder der augenblicklichen Rettung wegen auf. Alles drängte sich der neuen Brücke zu und kam entweder im Moraste des Ufers oder in den Wogen des Flusses selbst um. Und mitten in dies Gedränge schlugen die russischen Kanonenkugeln mit schrecklicher Sicherheit.

Uns war es für den Augenblick unmöglich, weiterzukommen; auch wurden vor allem erst die französischen Garden, die freilich jetzt auch nur eine zerlumpte, erbärmliche Menschenmasse bildeten, ans jenseitige Ufer geschafft. Wir brachten daher die Nacht, so gut es gehen wollte, in diesem Gedränge zu.

Mit dem Anbruch des für mich so verhängnisvollen 27.November verkündete eine starke Kanonade das Vordringen der Russen. In diesem Augenblick sahen wir auch den so lange von uns getrennt gewesenen Brigadegeneral Legras. Sobald der brave Mann uns paar Jäger in seiner Nähe erblickte, forderte er uns sogleich zum Tiraillieren auf. Er versprach, dass uns noch eine starke Kolonne unterstützen sollte und sobald der Feind weit genug von uns zurückgedrängt worden sei, würden wir mit ihm über die Beresina gehen.

Wir marschierten auch ohne Bedenken an der linken Seite der großen Straße vor und glaubten, als sich die Kosaken durch unser Abfeuern der Büchsen zum Rückzuge bewogen fanden, sie noch weiter verfolgen zu können, damit wir wenigstens fürs erste nicht mehr von ihnen beunruhigt würden und desto sicherer mit unserem General über die Beresina ziehen könnten. Aber kaum hatten wir eine Viertelstunde von der großen Straße weit die Russen verfolgt, so wurden wir mit einem Male auf allen Seiten von ihnen umringt. Wir waren in einen Hinterhalt geraten und sahen, dass kein Entrinnen mehr möglich war.

Wir mussten uns daher mit aller möglicher Geduld in unsere Gefangennahme fügen. Niemals in meinem Leben bin ich so traurig gewesen wie damals, selbst nicht bei den größten Entbehrungen und Mühseligkeiten, nicht bei der grimmigsten Kälte, nicht bei dem nagendsten Hunger. Alle meine Hoffnungen, bald die Heimat wiederzusehen und Russland, wo ich so vieles erduldet hatte, verlassen zu können, waren mit einem Schlage vernichtet. Ich war unabsehbarem Elende bis jetzt noch immer glücklich entronnen und musste nun in noch größeres geraten. Es ging mir wie dem Schiffbrüchigen, der unter tausend Mühen und mit übermenschlicher Anstrengung der letzten Kraft der Verzweiflung bis dicht an das rettende Ufer geschwommen ist und dann von der feindlichen Brandung in die tosende See zurückgeschleudert wird.

7.Kapitel
Gefangen

Es war zur Mittagszeit, als wir in die Hände der Kosaken gerieten. Nachdem sie uns die Waffen und die Ranzen abgenommen hatten, wurde uns durch Pikenstöße und Knutenhiebe zu verstehen gegeben, wir sollten so schnell vor ihnen herlaufen, wie sie selbst ritten. Mehrere meiner Unglücksgefährten, denen es die gänzlich erschöpften Kräfte nicht länger erlaubten, dieses Laufen auszuhalten, wurden auf der Stelle niedergemacht. Ich sah also meinen Tod vor Augen, sobald ich nur die geringste Spur von Ermattung zeigte und strengte alle meine Kräfte an, dem Ungestüm meiner Sieger und den niederprasselnden Knutenhieben zu entsprechen. So lief ich wenigstens die Strecke von zwei Stunden, ohne auch nur einmal anzuhalten, bis wir endlich die russische Armee erreichten.

Schon von fern sah ich hier eine große Anzahl Gefangener versammelt und die Russen damit beschäftigt, die Unglücklichen zu entkleiden und zu plündern. Mit schwerem Herzen dachte ich an meinen schönen Pelz und meinen Geldbeutel, die beide ohne Zweifel sehr bald in die Hände der Feinde übergehen würden. Ich hatte während der letzten paar Tage, die wir in der Nähe der Beresina verweilen mussten, mehrere wertvolle Sachen von den stehen gebliebenen und verlassenen Wagen genommen, diese aber mit meinem Ranzen, in dem ich sie verborgen hatte, durch die Kosaken wieder verloren. Nur meinen seidenen Geldbeutel, worin ungefähr acht Taler an österreichischem Kreuzergelde und ein Krontaler enthalten waren, hatte ich gerettet.

Ich beschloss, ihn, wenn möglich, auch hier vor den raubgierigen Händen der Kosaken zu retten, nahm ihn aus der Westentasche, steckte ihn unter den Ärmelaufschlag meines über den Pelz geworfenen, verbrannten Mantels und zog den Aufschlag mit dem Geldbeutel so tief herunter, dass ich letzteren mit der Hand festhalten konnte. Kaum hatte ich dieses Manöver ungesehen ausgeführt, als auch schon zwei Kosaken durch Zeichen, ihre Sprache verstand ich ja nicht, mir befahlen, mich auszuziehen. Ich nahm also zuerst meinen verbrannten Mantel ab, zeigte ihnen, dass der Rückenteil gänzlich verbrannt und der Mantel auch sonst abgenutzt und nicht mehr gut zu gebrauchen war, worauf sie mir zu verstehen gaben, ich solle ihn nur auf die Erde legen. Darauf rissen sie mir den Pelz, Uniform, Weste, Hemd mit Ungestüm und staunenswerter Gewandtheit vom Leibe und durchsuchten genau alle Taschen; sogar in den verbrannten Gamaschen suchten sie nach Schätzen. Dann warfen sie die Weste auf den verbrannten Mantel, nahmen die anderen Kleidungsstücke mit und ließen mich von allem entblößt stehen. Die Kälte war wieder zur fürchterlicher Höhe gestiegen, so dass ich schnell die Weste anzog und den Mantel umwarf, um mich wenigstens etwas zu schützen; dann wurde ich zu den unglücklichen Gefangenen gewiesen. Auch mein Tschako war mir bei der Gefangennahme geraubt worden, und da mir die Kosaken nicht einmal das Halstuch gelassen hatten, musste ich erwarten, in der ersten Nacht zu erfrieren. Man kann sich leicht vorstellen, dass meine Gedanken eben nicht die erfreulichsten waren. Ich hielt mich schon dem Tode verfallen und eine dumpfe Verzweiflung bemächtigte sich meiner.

Wir mussten, von Kosaken abgeführt, mitten durch die russische Armee marschieren; die feindlichen Soldaten, wohlgenährt und warm gekleidet und weniger als wir unter der Kälte leidend, an die sie gewöhnt waren, gafften uns mit Verwunderung an und ließen es an Hohn und Spott nicht fehlen. Auch an der feindlichen Generalität kamen wir vorüber. Als ich die Generale in ihrer glänzenden Uniform und ihre trefflichen Pferde erblickte, dachte ich wehmütig zurück an Napoleon und seine noch glänzendere Suite, an die Siege, zu denen uns der Kaiser und seine Marschälle geführt hatte. Das war jetzt alles vorüber. Mein früheres Leben erschien mir wie ein bloßer Traum und ich sah mich jetzt zu einem baldigen Tode oder zu namenlosem Unglücke verdammt.

Als diese traurige Gewissheit sich meiner Gedanken bemächtigte, beschloss ich, noch einmal mein Heil zu versuchen, ehe ich alles rettungslos verloren gab. Mit raschem Sprunge durchbrach ich die Linie der Kosaken und die Hiebe, die auf mich niederregneten, nicht achtend, erreichte ich die russischen Generale, die sich nicht wenig über meine Kühnheit wunderten. In der Voraussetzung, dass einer von ihnen gewiss Deutsch verstände, redete ich sie in dieser Sprache an, indem ich bat, sie möchten mich doch ungesäumt erschießen lassen, weil mein erschöpfter, von Kleidungsstücken entblößter und vor Hunger ausgemergelter Körper den Strapazen und der strengen Kälte nicht länger Widerstand zu leisten vermöge.

Ich rief, mich an einen der Vordersten, dessen Alter und mit Orden übersäte Brust den Obergeneral verkündete, wendend: „Herr General, ich bin überzeugt, dass Sie Deutsch reden; haben Sie Gnade und lassen Sie mich erschießen!"

Nachdem ich diese Worte gesprochen hatte, kam der bezeichnete bejahrte Mann, dessen Brust mit vielen Ordenszeichen geschmückt war, näher an mich heran und sagte mir, dass ich da ein Verlangen ausdrückte, das die Russen nicht erfüllen könnten. Da ich übrigens Deutscher wäre, so würde demnächst, sobald es die Umstände gestatteten, besondere Rücksicht auf mich genommen werden; für jetzt aber könne keine Bevorzugung stattfinden. Ich wiederholte dessen ungeachtet abermals meine Bitte, indem ich meinen Mantel von der Schulter zog und den von Pikenstößen und Knutenhieben zerfleischte Rücken zeigte und hierbei bemerkte, dass ich eine solch grausame Behandlung, wie ich sie seit der Gefangennahme erlitten hätte, nicht länger ertragen könne und tausendmal lieber erschossen werden würde als durch langsame Marter mein Leben einbüßen wolle. Der alte General schien durch den Anblick meines gegeißelten Körpers zum Mitleid bewogen zu sein und hieß mich, ihm zu folgen.

Er ging hierauf mit drei jüngeren Generalen in ein etwa 50 Schritt von uns entferntes, durch aufgeworfene Erde dicht gemachtes Bretterhaus, das zwei Lichter erhellten und in dessen Ecke ein wärmendes Kohlenfeuer brannte. In der Nähe dieser Hütte standen zahlreiche Wagen und Schlitten umher, die mit großen Gefäßen, Brot und Mehlsäcken beladen waren. Ach, wie lange hatte ich keine gefüllten Säcke mehr gesehen und wie wunderbar und fremdartig mutete es mich an, endlich einmal wieder gut genährte, gesunde Menschen zu erblicken, die Kriegslieder sangen und das Wiehern und Stampfen der Rosse zu hören!

Als ich mit den Generalen in die Hütte eingetreten war, befahl man mir, mich niederzulassen und der alte Herr fragte mich, aus welcher Gegend Deutschlands ich stamme.

Ich erwiderte ihm: „Aus dem Fürstentum Hildesheim", das ihm jedoch gänzlich unbekannt war.

Hierauf sagte ich ihm auf seine ferneren Fragen, dass ich unter den Westfalen gedient, dass die französische Armee ohne Lebensmittel sei und dass der Kaiser Napoleon uns schon längst verlassen hätte und ich nicht wüsste, ob er sich überhaupt noch bei der Armee befände. Als ich nun ebenfalls gestand, dass ich seit Wochen schon mich nur durch schlechtes Pferdefleisch hätte ernähren müssen, setzte man mir sofort ein großes Brot, eine Flasche Branntwein und ein Trinkglas vor. Der alte General nötigte mich zum Essen, wobei er sich jedoch etwas ungehalten darüber stellte, dass ich ihm nicht sagen könnte oder - wie er argwöhnte - nicht sagen wollte, wo Napoleon sich aufhalte, da er doch noch vor kaum einer Stunde die sichere Nachricht erhalten hätte, dass der Kaiser sich in der Nähe der Beresina, also gerade da, woher ich käme, aufhielte.

Da ich jedoch wirklich nicht wusste, was aus Napoleon geworden war, beteuerte ich abermals, dass es mir unmöglich sei, den Herrn General in dieser Hinsicht zufrieden zu stellen; ich würde gewiss nicht ermangeln, alles zu sagen, was ich wüsste, teils aus schuldiger Dankbarkeit, teils auch, weil wir Deutschen dem französischen Kaiser nur ungern und gezwungen nach Russland gefolgt wären. Ohnehin könne ich versichern, dass unter den Franzosen nirgends mehr Ordnung herrsche, dass keiner sich um den anderen kümmere und dass sich an der Beresina eine solche Menschenmasse angehäuft habe, dass es gewiss nicht sehr schwer sein würde, den Kaiser, sollte er sich auch dort noch aufhalten, dazwischen zu finden.

Diesen Worten schien er Glauben beizumessen und er nötigte mich wiederholt zum Essen und zum Trinken, schenkte mir selbst ein Bierglas voll Branntwein ein und gab es mir in die Hand mit den Worten: „Wenn Du nicht weißt, wo sich Euer Kaiser aufhält und von ihm verlassen bist, so trink dies Glas auf die Gesundheit unseres Kaisers, unter dessen Schutze Du von nun an leben wirst."

Es war mir wahrlich einerlei, auf wessen Gesundheit ich in diesem Augenblicke trank, - ich hätte auf das Wohl aller bösen Geister getrunken, wenn ich nur unter dieser Bedingung hätte trinken sollen. Daher nahm ich das Glas, stand von meinem Sitze auf und sagte: „Ich trinke dies auf die Gesundheit des Kaisers Alexander, auf die Gesundheit seiner hohen Familie, seiner Feldherren und seiner ganzen Armee!"

Nach diesen Worten trank ich fast die Hälfte des im Glase enthaltenen Branntweins aus, während welcher Zeit der alte General dem Umstehenden das eben von mir Gesagte verdolmetschte. Als ich das Glas nur halb geleert wieder auf den Tisch stellte, kam ein junger, großer Mann, mit einem Stern auf der Brust, an mich heran, reichte mir mit Ungestüm das Glas wieder und gab mir durch Zeichen zu verstehen, dass ich es ganz leeren müsse, was ich denn auch notgedrungen tat. Kaum hatte ich das Glas geleert, so fühlte ich mich auch schon ein wenig berauscht, da ich seit langer Zeit dem Genusse von Branntwein entwöhnt war und als mich darauf der alte General fragte, ob ich noch verlangte, totgeschossen zu werden, bat ich um die Erlaubnis, fortleben und in seine Dienste treten zu dürfen, um ihm meine volle Dankbarkeit beweisen zu können. Der alte General lobte meinen guten Willen, sagte mir aber, dass ihm, obgleich er für seine Person nicht abgeneigt wäre, mich bei der Armee zu behalten, ein strenger kaiserlicher Befehl solches untersage; indes wäre es möglich, dass die deutschen Gefangenen recht bald aufgefordert werden würden, russische Dienste in einer eigens dazu errichteten Legion zu nehmen. Vorläufig müsste ich mit der Kolonne erst weiter ins Innere von Russland marschieren. Darauf ließ er mir von einem seiner Diener die wunden Stellen auf meinem Rücken mit warm gemachtem Branntwein waschen und beschenkte mich mit einer russischen Mütze, einer Halsbinde und einem Kosakenmantel, damit ich die Kälte besser ertragen könnte.

Zugleich wurde dem Kommandanten, der den Transport der Gefangenen zu geleiten hatte, eine Banknote von zehn Rubel für mich ausgehändigt, mit dem Befehl, mir dadurch alle mögliche Pflege zukommen zu lassen und außerdem sollte er mich schonend und mit Aufmerksamkeit behandeln. Mit dem gebührenden Danke für die großmütige Behandlung empfahl ich mich den Generalen und war von nun an von dem Kommandanten abhängig. Dieser ging mit mir etwa noch fünfzehn Minuten lang durch die russische Armee und nun erst sah ich meine Unglücksgefährten, in einem Haufen zusammengetrieben, wieder. Es war ein herzzerreißender Anblick; die meisten von ihnen waren halb nackt, alle auf das Äußerste erschöpft und sie zitterten vor Hunger und Kälte. Der Kommandant, der in der

Armee den Rang eines Majors bekleidete, sagte mir, dass nach einer ungefähren Zählung der ganze Transport aus etwa 2.800 Mann bestände.

Dieser Mann machte mich denn auch mit den Namen der Generale bekannt, die ich soeben verlassen hatte. Der alte Herr mit den vielen Orden war der Marschall Kutusow; der jüngere der Bruder des Kaisers, der Großfürst Konstantin. Die Namen der anderen Generale habe ich vergessen. Es wurde mir zugleich erzählt, dass schon mehrere Gefangene zu den Generalen gelaufen und diese um Hilfe und Abstellung ihrer grausamen Behandlung gebeten hätten; der Großfürst Konstantin habe sie aber auf der Stelle kurzerhand erstochen.

8.Kapitel
In Elend und Tod

Wir sollten nun unter Eskorte von 200 bis 300 Kosaken aufbrechen. Aber mehrere der Gefangenen waren nicht von der Stelle zu bringen; andere fielen nieder und wurden durch den Tod von ihrem Elend erlöst. So verzögerte sich der Abmarsch von einer Stunde zur anderen und als wir uns endlich in Bewegung setzten, war es schon so spät geworden, dass wir nur noch einen Marsch von höchstens zwei Stunden zurücklegen konnten.

In der ersten Nacht kamen wir in der Nähe eines Waldes in ein Biwak zu liegen und es durfte keiner der Gefangenen sich unterstehen, aus dem Kreise zu gehen, den die Kosaken um sie geschlossen hatten, wollte er nicht Gefahr laufen, auf der Stelle erstochen zu werden. In dieser ersten Nacht schon hielt der Tod reiche Ernte. In der Kolonne wurde kein Feuer angemacht und wie konnten diese Elenden, die seit langem schon in ihrer Gesundheit erschüttert, dumpfer Verzweiflung und zehrendem Heimweh verfallen waren, der grimmigen russischen Kälte widerstehen? Ich hielt mich in der Nähe des Majors auf, der sich hinter einem kleinen Verschlage ein Feuer hatte anzünden lassen und auch innerlich mit Branntwein nicht wenig einheizte, wobei er fortwährend auf die Kosaken schimpfte und ihnen Wachsamkeit und Aufmerksamkeit anempfahl, bis er endlich in einen tiefen Schlaf verfiel. Die Nacht war still und sternenklar. Gern hätte ich mich auch dem Schlafe hingegeben; aber meine Schmerzen und die Unruhe des Geistes, der bald all der entsetzlichen Möglichkeiten der Gefangenschaft gedachte, bald in der entfernten Heimat weilte, hinderten mich daran. Von Zeit zu Zeit hörte ich das Klagen und Jammern meiner Unglücksgefährten, die von den Kosaken eingeschlossen waren, ihr dumpfes Fluchen, ihr leises Wimmern, einen gellenden Schrei, dann war alles wieder still wie der Tod. Und der Tod war es auch wirklich, der bald hier, bald dort dem Jammergeschrei der Unglücklichen ein Ende machte.

Am folgenden Morgen lagen die Leichen der Erfrorenen haufenweise auf dem harten Boden; wir anderen mussten weitermarschieren und wurden es bald gewohnt, wenn fast jede Stunde einer niedersank und seinen Geist aufgab. Ich unterließ es zwar nicht, den Major, der leider nur wenig Deutsch verstand, zu bitten, das traurige Los der armen Gefangenen etwas zu mildern und dafür Sorge zu tragen, dass die Unglücklichen nicht mehr so barbarisch behandelt würden; aber vergebens: sein Herz kannte kein Mitleid, und er erwiderte mir gewöhnlich auf meine dringenden Vorstellungen nur die kurzen Worte: *„Die Deutschen - gute Leut - Franzoski - Sabaki!"*[18]

Wenn ich dann sagte, dass der größte Teil des Transports aus Deutschen bestände und nur sehr wenige Franzosen sich darunter befänden, maß er mir keinen Glauben bei und blieb bei seinem *„Franzoski - Sabaki!"*

Dazu kam noch, dass diesen Unglücklichen die ersten vier Tage hindurch keine Lebensmittel gereicht wurden und als wir von der Militärstraße seitab geführt wurden, hatten wir auch keine Gelegenheit mehr, etwas Mundvorrat aufzufinden und wäre es auch nur schlechtes Pferdefleisch gewesen. Ich kann bis jetzt noch nicht begreifen, wie so viele das noch aushalten konnten und es nahm mich damals gar nicht wunder, dass in den ersten paar Tagen unseres Abmarsches in die Gefangenschaft der Transport sich um mehr als die Hälfte verringerte.

Erst am dritten Tage trafen wir ein Dorf an, das von der grausamen Kriegsfurie verschont geblieben war. Unser Herz klopfte freudiger, als wir die Häuser und die rauchenden Schornsteine erblickten. Wir hofften gewiss, hier wenigstens einige Lebensmittel und endlich einmal eine bessere und wärmere Lagerstätte als ein Biwak unter freiem Himmel zu erhalten. Aber wir täuschten uns leider; statt der Nahrungsmittel und des wärmenden Obdachs empfingen uns Hohn- und Spottreden der Einwohner, und sie würden uns geschlagen oder gar ermordet haben, hätten die Kosaken uns nicht beschützt.

In der Nähe des Dorfes wurde auf einer kleinen Anhöhe wiederum ein Biwak bezogen; ich quartierte mich jedoch mit dem Major am Ende des Dorfes in einer Bauernstube ein, worin ich indessen unter dem Rausch und Ungeziefer sehr zu leiden hatte. Auch musste ich alle mögliche Vorsicht gebrauchen, um mich den Augen der Bauern zu entziehen, die es sich vorgenommen hatten, mich ohne weitere Umstände totzuschlagen. Der Major hatte wie gewöhnlich der Flasche stark zugesprochen und lag bald in tiefem Schlafe, während ich die Nacht hindurch keine Ruhe finden konnte. Erst spät am anderen Morgen verließen wir diesen Ort und abermals blieben zahlreiche Tote auf dem Platze.

Nachdem wir zwei Stunden marschiert waren, kamen wir in eine kleine Stadt. Wir zogen durch sie unter lautem Jammergeschrei der Gefangenen, passierten dann einen ziemlich breiten Fluss und bezogen an der östlichen Seite der Stadt ein Biwak. Diesmal jedoch erging es uns besser als früher. Die Einwohner dieses Städtchens, größtenteils Juden, fühlten sich durch unsere erbärmliche Lage zum Mitleid bewogen; kaum waren wir eine Stunde lang im Lager, als sie uns auch schon Brot und Fleisch brachten und trotz der vielen Widerwärtigkeiten von Seiten der Kosaken in eigener Person unter die Gefangenen verteilten. Dabei gaben sie sich indes viele Mühe, von diesem oder jenem Gold- oder Silbersachen dafür einzutauschen. Vor dieser Stadt, wo wir drei Tage und vier Nächte verweilten,

---

[18] (russ.) „Die Franzosen sind Hunde!"

wurde auch endlich wieder einmal ein regelmäßiges und hinreichend großes Biwakfeuer unterhalten.

Bei unserem Abmarsche bekamen wir jedoch, weil unser Major durch übermäßiges Trinken krank geworden war, einen anderen Führer. Dieser, ein schon bejahrter Mann, der weder Geld für mich, noch sonstige Empfehlungen meiner Person erhalten hatte, auch gar keine Silbe Deutsch verstand, verleibte mich von nun an dem großen Haufen ein und ich war gezwungen, jetzt das ganze Elend dieses unglücklichen Transportes mit zu erdulden. Ich hatte bisher drei Bekannte und Freunde von mir, soviel ich es vermochte, unterstützt; dies musste jetzt aufhören, da ich jetzt selbst so viel Sorge auf meine eigene Person zu verwenden hatte, dass ich mich um keinen anderen mehr kümmern konnte. Indes hielten wir vier dennoch, so gut es eben gehen wollte, zusammen.

Wir wurden von jetzt an auf Befehl des neuen Kommandanten noch sehr viel strenger bewacht und beobachtet als früher, weil während des letzten Biwaks mehrere der Gefangenen versucht hatten, mit Hilfe der Juden zu entfliehen. Einige Polen, die wieder eingeholt waren, wurden, um uns anderen ein abschreckendes Beispiel zu geben, vor unseren Augen auf eine barbarische Weise ermordet. Man band nämlich einen solchen Deserteur hinter einen Schlitten fest, dann nahm ein Kosak auf dem Schlitten Platz, trieb das Pferd zu raschem Laufen an, die anderen jagten in einem Kreise hinter dem Schlitten her und stachen so lange mit ihren Piken auf das unglückliche Opfer los, bis es unter entsetzlichen Schmerzen und erschütterndem Geschrei den Geist aufgab.

Die Polen in unserem Transporte, der übrigens aus Leuten fast aller Nationen bestand, waren die einzigen, die die schauderhafte Behandlung, der wir ausgesetzt waren, noch einigermaßen ertragen konnten. Sie waren das Klima und die Lebensweise besser gewohnt als wir und uns anderen bei weitem dadurch im Vorteil, dass sie so viel Russisch verstanden, um sich wenigstens mit ihren Gewalthabern verständigen zu können.

Unser Marsch ging über weite, öde Steppen, die, so weit der Blick reichte, von Schnee bedeckt waren. Nur selten bekamen wir Häuser und Menschen zu Gesicht und mussten die langen kalten Nächte stets unter freiem Himmel zubringen. Es wurde freilich an einzelnen Stellen von den Bauern Holz zusammengefahren, so dass wir des Nachts ein Feuer anmahen konnten; jedoch reichte dies für die vielen Menschen nicht aus, brannte selten bis Mitternacht und wir waren dann der strengen Morgenkälte ohne allen Schutz ausgesetzt. Dabei marschierten wir des Tages meistenteils nur drei Stunden, nach deren Verlauf wir schon wieder stillliegen mussten und erhielten höchstens alle drei Tage ein Stück grobes Brot und als Beilage regelmäßig einige Hiebe mit dem Kantschu. Es war daher nicht zu verwundern, dass täglich infolge dieser Lebensweise und grausamen Behandlung einige Gefangene ihren Geist aufgaben und dass sich nach dem Verlauf von zwölf bis vierzehn Tagen der Transport schon um Zweidrittel verringert hatte.

Ich sah ein, dass auch ich nicht lange mehr diese Strapazen würde ertragen können und nahm mir deshalb vor, bei erster bester Gelegenheit zu entfliehen. Zwar kannte ich die Gefahren einer Flucht sehr gut. Ich war in einer Gegend, in der ich mich durchaus nicht orientieren konnte, verstand die Sprache des Landes nicht und wurde sicherlich von den Bewohnern über kurz oder lang wieder gefangen. Mein Los konnte dann noch schlimmer werden als es jetzt war, wenn ich nicht gar wieder an den Transport abgeliefert und auf der Stelle erstochen wurde. Doch so oder so, ich wollte es auf jeden Fall versuchen und das übrige Gott anheim geben. Ich besprach mich mit meinen Bekannten und stellte ihnen die Gewissheit unseres baldigen Todes vor, wenn wir noch länger bei dem Transporte blieben. Das einzige, was noch einige Hoffnung auf die Erhaltung unseres Lebens gäbe, sei die Flucht, möchte deren Gefahr auch noch so augenscheinlich und noch so groß sein. Aber ich konnte nur einen von ihnen, den Jäger Wangemann, dazu bewegen; die anderen beiden, Keufel und Talleur, fürchteten sich zu sehr vor dem Wiedereingeholtwerden und hofften, dass man gewiss bald das Ziel des Marsches erreichen würde. Ich suchte sie auch nicht weiter zu bereden, da es bei solchen gefährlichen Unternehmungen am besten ist, wenn jeder selbst über sein Schicksal bestimmt und nicht noch für andere verantwortlich ist.

Indes verging ein Tag nach dem anderen, ohne dass sich eine Gelegenheit zur Flucht darbot; da unsere Zahl täglich kleiner wurde, konnten die Kosaken, die uns jetzt sogar das Stückchen Brot entzogen, uns immer enger umschließen und es war an kein Entweichen zu denken. Der Hunger wütete schrecklich unter uns und wenn ich diese gänzlich abgezehrten Gestalten mit ihren wilden blutrünstigen Blicken sah, befiel mich nicht selten die Furcht, die Gefangenen möchten übereinander herfallen, um, gleich den Kannibalen, sich an Menschenfleisch zu sättigen.

Es war jetzt ein Glück für mich, dass ich meinen Geldbeutel gerettet hatte und das blanke Kaisergeld, das so ziemlich der russischen Silbermünze glich, in Bewegung setzen konnte. So oft das Glück uns an einem Dorfe vorüberführte und die Bauern, wie sie es gewöhnlich taten, sich um uns versammelten, machte ich ihnen durch Zeichen begreiflich, dass ich hungrig sei und ließ dabei verstohlen ein Silberstück blicken; ich erhielt dann auch gewöhnlich etwas Brot. Jedoch musste ich diesen Handel sowohl vor den Kosaken als auch vor meinen Unglücksgefährten selbst äußerst geheim halten, wenn ich nicht, was auch einige Male geschah, wieder meines Brotes verlustig gehen wollte. Wenn ich so glücklich gewesen war, heimlich etwas zu erhandeln, teilte ich meinen Freunden davon mit und fristete auf diese Weise unser Leben von einem Tage zum anderen.

Nachdem wir abermals acht Tage weitermarschiert waren, traf es sich, dass wir in ein großes Dorf kamen, wozu ein adeliges Gut gehörte. Dieses lag am äußersten Ende des Dorfes und war mit einem großen Hofraum versehen, der teils von Wirtschaftsgebäuden, teils von Planken und Hecken umschlossen war. Auf diesen Hof wurden wir im Schneegestöber getrieben. Nach dem Verlauf von ungefähr einer halben Stunde hieß es, die Deutschen sollten alle durch eine ihnen angewiesene Tür gehen, um sich in dem Garten zu versammeln, woselbst sie vom Gutsbesitzer mit Brot und Branntwein traktiert werden sollten. Es mochten von uns Deutschen etwa noch 120 Mann am Leben sein, die aber alle krank und elend und trotz ihrer Jugend meist alle mehr oder minder entstellt waren. Hierzu kam, dass sich jeder, so gut es nur immer möglich war, durch die verschiedensten Kleiderfetzen vor der grimmigen Kälte zu schützen suchte. Wurden doch die Leichen der unterwegs Umgekommenen von den Überlebenden mit solcher Habgier geplündert, dass es darüber oft zu Streitigkeiten und Tät- lichkeiten kam!

Der Gutsherr musste sich zum Mitleid bewogen gefühlt haben, als er unsere elenden, verhungerten Gestalten, unsere armseligen Lumpen erblickte und so ließ es es an gutem Brot und Schnaps nicht fehlen, besonders da er, wie er sagte, über- zeugt war, dass die Deutschen wider ihren Willen in diesen Krieg gezogen wären und also ihr Elend nicht verschuldet hätten. Es war seit unserer Gefangenschaft das erste Mal, dass wir, ohne dabei den Knutenhieben ausgesetzt zu sein, einige Lebensmittel geliefert bekamen. Die Freigebigkeit des gutherzigen Spenders be- kam jedoch vielen schlecht; der Genuss von Branntwein war für uns alle eine un- gewohnte Sache und wenn auch die einzelnen Gaben nicht übermäßig waren, reichten sie doch hin, um alle trunken zu machen. Hätten wir jetzt eine gute, trock- ene und geschützte Lagerstätte gehabt, so wären die Folgen des Rausches viel- leicht spurlos an uns vorübergegangen; aber man trieb uns wie das liebe Vieh wieder auf den Hof zwischen die anderen Gefangenen. An ein Entkommen aus diesem stark eingefriedeten Raume war nicht zu denken und die Aussicht, ohne Feuer, welches in der Nähe der hölzernen Wohn- und Wirtschaftsgebäude nicht entzündet werden durfte, diese nasskalte Nacht unter freiem Himmel zuzubringen, war gewiss nicht die angenehmste. Indes konnte ich es doch noch eher aushalten als viele meiner Unglücksgefährten, da ich noch immer den Kosakenmantel hatte, den mir der russische General geschenkt und auch während des Marsches Tücher und Lumpen den erfrorenen Leichen abgenommen hatte, um mir damit Hals und Unterleib, so gut es ging, zu schützen und zu wärmen.

Als vor Ausbruch der Nacht das Schneetreiben aufhörte und bei sternenhellem Himmel eine schneidende Kälte einsetzte, dankte ich im Stillen dem freundlichen Kutusow für den Kosakenmantel, der mir schon so viele Dienste getan hatte und besonders in dieser Nacht noch tun sollte. Ich bat meine drei Freunde, ja sich zuei- nander zu halten, da die Franzosen und Polen, die an der Freigebigkeit des Guts- herrn nicht teilgehabt hatten, Drohungen gegen die Deutschen ausstießen und ich deshalb nicht ohne Grund befürchtete, es möchten Schlägereien und Gemetzel unter den Gefangenen entstehen. Wut und Ärger auf der einen, Trunkenheit auf der anderen Seite ließen auch bald meine Befürchtungen sich verwirklichen. Die Flüche und Verwünschungen, die die Polen und Franzosen ausstießen, wurden immer lauter; die Deutschen ließen es an gebührender Erwiderung nicht fehlen und bald war die Schlägerei in vollem Gange. Die Kosaken kümmerten sich nicht darum; es verschlug ihnen nichts, ob viele oder wenige von den Gefangenen an Ort und Stelle umkämen, wenn sie nur nicht lebend sich ihrer Obhut entzogen.

Trotz der allgemeinen Verwirrung gelang es mir und meinen Freunden an- fangs, beieinander zu bleiben und uns gemeinsam den Anfällen der Polen und Franzosen zu entziehen. Als aber das nächtliche Dunkel immer mehr hereinbrach, verloren wir einander und ich entschloss mich, ohne mich um den noch überall to- benden Lärm noch weiter zu kümmern, mir eine erträgliche Schlafstätte aufzusu- chen. Ich fand auch bald einen Platz in einer Ecke, wo zwei Wirtschaftsgebäude von zwei Seiten den Hof einschlossen und mit den Giebelenden ein Rechteck bildeten, das mir, da auch die Regenrinnen hier in einem Vorsprunge zusammentrafen, ein ziemlich geschütztes Obdach zu gewähren schien. Kaum hatte ich mich aber, fest in meinen Mantel gehüllt, niedergelegt, als auch schon andere ankamen, um hier Schutz für die Nacht zu suchen. Die legten sich dicht neben mir nieder; bald kamen noch andere und der Andrang wurde immer stärker, so dass ich, um nicht erstickt zu werden, von Zeit zu Zeit über die Menschenmasse hinwegkroch und auf diese Weise dem Dache immer näher gehoben wurde.

In dieser Lage, bis an die Schulter zwischen lebenden und toten Menschen steckend, musste ich die lange kalte Nacht verbringen, ohne mich auch nur im geringsten bewegen zu können. Obgleich ich schon an Leidensszenen aller Art gewöhnt und äußerst ermüdet war, kam doch kein Schlaf in meine Augen. Bald legte sich ein anderer quer über mich, den ich, wenn ich nicht ersticken wollte, wieder von mir abwälzen musste, so gut es ging; bald erscholl vom Hofe her ein wüster Lärm und schreckliches Fluchen; ich hörte das Klagegeschrei der Kranken, die erstickten Seufzer der Sterbenden, das Gebrüll der von ihren eigenen Kameraden Getroffenen; zwischendurch ertönte der Wachtruf der Kosaken. Dazu kam meine eigene traurige Lage; ich war zwar bis jetzt noch dem Tode glücklich entgangen, aber wäre es nicht besser gewesen, dachte ich bei mir selbst, auf dem Schlachtfelde von Moshaisk den Kriegertod zu sterben, als diese lange fluchwürdige Behandlung zu ertragen und nun vielleicht bald wie ein Hund unter freiem Himmel den letzten Atemzug zu tun?

Solche und ähnliche traurige Gedanken verscheuchten den Schlaf von meinen Augen. Daher war ich froh, als endlich der Morgen wieder anbrach und die Kosaken ihr „*Suppei!*"[19] ertönen ließen, welches Kommandowort sie stets mit Kantschuhieben unterstützten. Nur mit größter Anstrengung gelang es mir, mich aus dem Knäuel von Menschen heraus zu arbeiten und als ich mich auf die Beine stellte, fand ich, dass durch die Kälte und den immerwährenden Druck die Zirkulation des Blutes in meinen Beinen so sehr gehemmt war, dass ich anfangs glaubte, die Beine seien erfroren.

Ungefähr Zweidrittel der Menschen, die mit mir unter dem Vorsprunge des Daches gelegen hatten, waren in dieser schrecklichen Nacht umgekommen; aber auch den übrigen war es nicht viel besser gegangen als uns. Ein allgemeines Wehklagen erhob sich im ganzen Hofe. Die Polen hatten, von der Dunkelheit der Nacht und dem durch den Genuss des Branntweins hervorgerufenen tiefen Schlaf der Deutschen begünstigt, vielen der letzteren die Kleidungsstücke gänzlich geraubt. Zwei meiner Freunde, Keufel und Talleur, musste ich in diesem unglückseligen Hofraume zurücklassen; Keufel war aller seiner Kleider beraubt und Talleur war erstickt. Es blieb mir also nun von meinen Bekannten nur noch der Jäger Wangemann, der die Nacht unter der Freitreppe des Schlosses zugebracht hatte.

---

[19] (russ.) „Vorwärts!"

9.Kapitel
Fluchtpläne

Wir marschierten nun wie früher etwa drei Stunden des Tages; als Rastort wurde uns ein neuer Totenacker angewiesen. Das Gefühl des uns begleitenden Kapitäns sowie der Kosaken schien gänzlich abgestumpft zu sein; denn obgleich es dem Kommandeur gewiss zur strengen Pflicht gemacht war, den Gefangenen täglich etwas an Nahrungsmitteln zu reichen, geschah dies doch höchst selten und unregelmäßig und ich war froh, dass ich mir hin und wieder heimlicher Weise ein Stück Brot kaufen konnte.

Es mochte der 20.Dezember sein, als wir unter den grässlichsten Drangsalen und bei einer furchtbaren Kälte vor einer ziemlich großen Stadt ankamen. Wir hofften zuversichtlich, hier endlich einmal ein Obdach zu erhalten; aber auch hier mussten wir ein Biwak auf einer im Süden der Stadt gelegenen Anhöhe beziehen. Die ganze Gefangenenmannschaft mochte ungefähr noch 400 Mann stark sein und es war daher den Kosaken möglich, uns so eng einzuschließen, dass alle zehn Schritt ein Posten stand und uns es also unmöglich war, aus diesem Kreise zu entkommen. Die Wachen wurden alle Stunden abgelöst und es ging fast beständig eine Patrouille um das Biwak.

Am erste Tage, den wir in diesem Biwak verbrachten, erhielten wir keine Nahrung; am nächsten Morgen jedoch wurde jedem von uns ein Stück grobes Brot zugeteilt. Inzwischen war mein Geld bis auf den Krontaler geschwunden. Als ich meinem Freund Wangemann, der sich wie ich noch immer einer ziemlichen Gesundheit erfreute, das sagte, meinte er, wir würden nun wohl jeden Tag ein Stück Brot erhalten und es könne auch die Zeit nicht mehr fern sein, da wir endlich unter Dach und Fach gebracht werden müssten, wenn wir nicht sämtlich eine Beute des Hungers und der Kälte werden sollten. Ich war derselben Meinung, aber wir täuschten uns beide. Wir lagerten einen Tag nach dem anderen auf dieser Stelle des Jammers, der Verzweiflung und des Todes, ohne alle Aussicht auf Erlösung; dabei wurde es immer kälter und der Schnee fiel in großen Massen vom Himmel herab, so dass wir unseren Tod jede Stunde vor Augen sahen.

Als wir vielleicht vier bis fünf Tage hier zugebracht hatten, kamen verschiedentlich russische Gesellschaften auf Schlitten zu uns gefahren, um uns zu betrachten; die wachthabenden Kosaken hielten sie indes eine gewisse Strecke vom Biwak entfernt, was die mitleidigen Seelen jedoch nicht abhielt, täglich in größerer Menge wiederzukommen und auch Körbe voll Weißbrot für uns mitzubringen. Da sie dies aber nicht an jeden einzelnen verteilen konnten, warfen sie es haufenweise zwischen uns. Obgleich nun die Geber gewiss nur die Absicht hatten, uns unglückliche Gefangene durch ihre Spenden zu erquicken, brachte ihr Mitleid vielen von uns den Tod. Bei dem Aufsammeln der Brote, wobei nur das Recht des Stärkeren galt, wurden die Schwächeren zurückgedrängt, ja, wenn sie ihre Versuche erneuerten, erschlagen. Fast jedes Mal bemächtigten sich so die Polen, deren

Gesundheit und Kraft weniger unter dem gewohnten Klima und den Strapazen gelitten hatten, des unter uns geworfenen Weißbrotes.

Meinem Freunde Wangemann war es übrigens auch einmal gelungen, ein paar solcher Brote zu erhaschen, die er redlich mit mir teilte; ich selbst war nicht zu bewegen, mich unter dieses Gedränge zu mischen. Meinen Krontaler hielt ich noch immer verborgen; ich konnte mich nicht entschließen, ihn für ein Stückchen Brot hinzugeben.

Eines Morgens ging ein Mensch in Kosakenkleidung zwischen uns umher und zeigte bald diesem, bald jenem russisches Kupfergeld, dass er für Gold und Silber einwechseln wollte. Anfangs traute ich dem Handel nicht, weil ich den Wechsler für einen Kosaken hielt; als ich ihn aber Deutsch sprechen hörte und er mir sagte, er habe sich noch vor Tagesanbruch heimlich zwischen uns geschlichen und sei ein Jude, zeigte ich ihm meinen Krontaler. Er sagte mir, dass er das Goldstück dem Werte nach nur als altes Silber gebrauchen könne und gab mir dafür 42 russische Potacken[20]. Er versicherte mir dabei, dass nur Mitleid ihn bewogen haben, sich unter die Gefangenen zu wagen, weil er gehört habe, dass sich unter ihnen auch einige Glaubensgenossen befänden. Da er aber bis jetzt noch keinen gefunden hätte, so wolle er das Geld, das er nun einmal bei sich führe, gegen andere Sachen eintauschen, indem er dabei bemerkte, dass man für jede Potacke ein Stück Weißbrot bekommen könne. Bald darauf schlich er sich wieder heimlich davon.

Ungefähr hundert Schritte von unserem Biwak befand sich ein hölzernes Darrhaus[21]. Eines Abends, als die Kälte ihren höchsten Grade erreicht hatte, machten die Polen einen Ausfall auf dieses Gebäude und es gelang ihnen auch, bei der ersten Verwirrung der Kosaken die Hälfte des Hauses niederzureißen und sich des Holzes zu bemächtigen; allein schon ehe sie wieder ins Biwak zurückgekehrt waren, hatten die Kosaken sie niedergemacht. Wegen dieses Attentats der Polen wurde nun für uns diesen Abend kein Holz verabreicht. Um uns aber einigermaßen gegen den schneidenden Nordostwind zu schützen, häuften wir die Leichen aufeinander und errichteten so eine Art Schutzwehr.

Am folgenden Morgen war beinahe die Hälfte der noch übrigen Gefangenen erfroren. Als unsere Wächter diese furchtbare Wirkung der Kälte sahen, schleppten sie in aller Eile Holz herbei und es wurden an mehreren Stellen Feuer angezündet. Auch erschienen an diesem Tage wieder einige Schlitten mit Weißbrot, das auf die früher beschriebene Weise verteilt wurde. Mein Freund Wangemann hatte sich abermals in das Gedränge gewagt, kam aber mit leeren Händen zurück und klagte mir, dass ein Pole in dermaßen mit einem Knüttel über den Kopf geschlagen habe, dass er besinnungslos niedergestürzt sei und noch jetzt heftige Schmerzen empfinde. Seit dieser Stunde schwand ihm der Mut, der ihn noch immer belebt hatte, er wurde gleichgültiger gegen die Gefahren, die ihn umgaben; auch konnte ich ihn nicht mehr vom Feuer wegbringen, so dass ich ernstlich um ihn besorgt war. Da ich auch an mir selber immer mehr die Folgen des Hungers und der Kälte spürte, beschloss ich, um doch wenigstens einen Versuch zu ma-

---

[20] 5 Kopecken machen einen Potacken und 20 Potacken einen Rubel aus
[21] Haus zum Dörren von Fleisch

chen, dem sicheren Tode zu entrinnen, mit Wangemann zu entfliehen. Ich zog ihn deshalb vom Feuer weg und teilte ihm meinen Entschluss mit; aber er war schon so entmutigt, dass es großer Überredung von meiner Seite bedurfte, um seine Zustimmung zu erlangen. Wir verabredeten uns denn also, die folgende Nacht miteinander zu entfliehen.

Aber wie war es möglich, aus dem Kreise zu entkommen, ohne gesehen zu werden? Schon die Nacht vorher hatte ich, da wir ohne Feuer waren und die heftige Kälte mich nötigte, umherzuwandern, wahrgenommen, dass die wachthabenden Kosaken hinter einem vier Fuß hohen Bretterverschlag lagen, wo sie sich starke Feuer angezündet hatten und wegen der starken Kälte nur dann über diesen Verschlag und zur Seite spähten, wenn sie der Zuruf „*Krawu*!²²" erreichte. Dieser Zuruf ging die ganze Nacht hindurch von einem Kosaken zum anderen und es war wohl möglich, in der Zwischenzeit, ehe das „*Krawu*" wieder herumkam, zu entfliehen. Ich suchte nun einen Brotverkäufer auf, um einige Lebensmittel zu erlangen, damit wir nicht gleich den ersten Tag durch Hunger an unserer Flucht gehindert würden und merkte mir genau die beiden Posten, zwischen denen ich hindurch zu kommen mir am leichtesten schien. Dann ging ich zu Wangemann, um ihm dies alles mitzuteilen. Ich fand ihn jedoch nicht mehr an dem Feuer, an dem ich ihn zurückgelassen hatte und es befiel mich die bange Ahnung, es möchte ihm etwas Schlimmes zugestoßen sein, da wir ausdrücklich verabredet hatte, ich wollte ihn an diesem Feuer wieder antreffen.

Nach langem Suchen fand ich ihn endlich an einem anderen Feuer, woselbst sich auch einige nur noch halb lebende Franzosen und sechs Holländer aufhielten. Ich bat ihn, er möchte aufstehen und mir folgen, da er doch wohl wüsste, was wir verabredet hätten. Als sich keine Antwort von ihm erhielt, richtete ich ihn auf die Beine, aber er fiel sogleich ohne alle Besinnung wieder auf die Erde nieder. Als ich mich über ihn beugte, hörte ich seinen Herzschlag nicht mehr; sein Puls stockte und seine Glieder wurden steif; - er hatte jetzt ausgelitten.

Mein Schmerz, da ich den letzten Freund verloren hatte, war ebenso groß wie aufrichtig. Ich fühlte mich nun von allen verlassen und war um so mehr entschlossen, das große Wagnis der Flucht zu bestehen, als sich eine gewisse Gleichgültigkeit meiner bemächtigt hatte, die sich vor noch größeren Gefahren, ja, vor dem Tode selbst nicht mehr entsetzte.

10.Kapitel
Flucht und Rettung

Es konnte gegen 10.00 Uhr abends sein, als ich mich in die Nähe des Bretterverschlages begab, um zu erspähen, ob sich nicht vielleicht ein günstiger Augenblick zur Flucht darbiete; aber die Wachen waren in diesem Moment sehr aufmerksam, was wohl in dem unruhigen Verhalten der Polen tagsüber seinen Grund haben mochte. Indes eine Stunde später, als die Biwakfeuer nur noch einen spärli-

---

²² (russ.) „Pass auf!"

chen Schein in die kalte Nacht warfen und die Lebenden fast ebenso ruhig dalagen wir die Toten, blickten die Kosaken nur bei dem „*Krawu!*" über den Verschlag hinweg und ich sah, dass die Zeit meiner Flucht gekommen war. Vorsichtig und langsam, jedem Aufglimmen eines Feuers ausweichend, damit mich nicht mein eigener Schatten verrate, näherte ich mich der Postenlinie. Ich hörte deutlich das Prasseln der Feuer, die die Kosaken zu ihrer Erwärmung angefacht hatten; sonst war alles ruhig. Ich schlich mich weiter vorwärts und sah, wie die mir zunächst postierte Wache es sich in halb sitzender, halb liegender Stellung am Feuer bequem gemacht hatte. Sie schien zu schlafen. Schon wollte ich an ihr vorbeischleichen, als plötzlich der Wachtruf mein Ohr berührte. Sogleich sprang ich hinter den Verschlag zurück und legte mich an ihm nieder. Nicht lange dauerte es, so sah ich den Kosaken, den ich eben im tiefsten Schlafe wähnte, über den Verschlag hinausspähen und hörte, wie er sein „*Krawu!*" dem nächsten Posten zurief. Er hatte mich nicht bemerkt und ich konnte deutlich hören, wie er sich fester in seinen Mantel hüllte und seine frühere bequeme Lage wieder einnahm. Nachdem ich noch einige Minuten in meiner Stellung verharrt hatte, ging ich leise aus dem Bezirke des Verschlages hinaus. Der Kosak regte sich nicht, obgleich der Schnee unter meinen Füßen knisterte und mein Herz so gewaltig schlug, dass ich glaubte, sein Geräusch müsste den tiefsten Schläfer wecken. Vorsichtig ging ich weiter und erst dann begann ich eilends zu laufen, als ich mich weit genug aus dem Bereiche der Postenlinie entfernt glaubte, um nicht mehr gehört werden zu können. Nachdem ich eine Viertelstunde gelaufen war, blieb ich stehen und dankte meinem Schöpfer innigst für das Gelingen meiner Flucht von diesem Orte des Gräuels und des Todes.

Wohin aber sollte ich mich nun wenden? In dem hohen Schnee vermochte ich auch nicht die Spur eines Weges zu entdecken und gelang es mir auch, Menschen und Häuser aufzufinden, so verstand ich nicht Russisch und war der wilden Wut der erbitterten Russen ausgesetzt, die keinen Gefangenen schonten. Indes hatte ich von dem Juden, der mir den Krontaler wechselte, gehört, die Stadt, in deren Nähe wir biwakieren, hieße Roslow und in der Umgegend befänden sich viele Landgüter, die Adeligen gehörten. Ich wanderte deshalb auf gut Glück, mein gekauftes Brot unter dem Arm, in stockfinsterer Nacht gegen Süden und fand auch bald, was ich so sehnsüchtig gewünscht hatte, eine Straße, die, wie ich vermutete, nach Roslow führte, da sie, wie dies bei allen Straßen in der Nähe von großen russischen Städten der Fall war, an beiden Seiten mit Birken bepflanzt und mit so genannten Werstpfählen[23] versehen war.

Ich lief, so schnell es mir der hohe Schnee und meine eigene Müdigkeit und Schwäche erlaubten, fast fünf Stunden lang auf dieser Straße, bis ich in der Ferne ein hell erleuchtetes Haus sah, auf das ich, obgleich es abseits der großen Straße lag, auch sogleich zuging. Ehe ich es jedoch erreichte, kam ich an einer Wassermühle vorüber, in der ich mehrere Leute sprechen hörte. Gern hätte ich mir hier schon einen Platz zum Ausruhen gesucht; aber ich wäre gewiss entdeckt und dann dem Transporte, dem ich entflohen war, wieder ausgeliefert worden. Auch konnte ich, bei dem Hause angekommen, keinen Schlupfwinkel entdecken, der mir auch nur einigermaßen Sicherheit bis zum Morgen hätte gewähren können. Zudem be-

---

[23] Meilenzeiger

fürchtete ich, dass, wenn ich auch die Nacht über unentdeckt bliebe, doch am Morgen, wo ich meine Reise fortsetzen musste, wahrlich sogleich gesehen werden würde. Ich schritt daher trotz meiner wunden Füße und meiner großen Ermattung weiter und stieß am Saume eines großen finsteren Waldes, wo sich der Schnee so hoch aufgehäuft hatte, dass mir das Gehen nur mit der größten Anstrengung möglich wurde, wieder auf den Weg, der hier aber sehr schlecht und kaum gangbar war. Als ich jedoch wiederum ein paar Stunden auf ihm zurückgelegt hatte und abermals in der Ferne ein Licht schimmern sah, beschloss ich, darauf zuzugehen, es mochte kommen wie es wollte, da meine Ermattung und Schwäche mir nur zu deutlich zeigte, dass ich nicht lange mehr würde gehen können.

Ich befand mich bald in der Nähe des Lichtes, das aus einem kleinen Hause schimmerte und blieb vorsichtig stehen, um noch einmal zu überlegen und zu lauschen. Bald sah ich im Scheine des Lichtes einen Mann ein und aus gehen, der Holz in einen Backofen warf. Da ich außer ihm kein lebendes Wesen in der Hütte entdeckte, trat ich endlich mit klopfenden Herzen ein. Wider meiner Erwarten war der Bauer, obgleich er kein Wort meiner Sprache verstand, freundlich und zuvorkommend gegen mich; er legte sogleich Hand mit an, um mich von meinen durchnässten Kleidungsstücken zu befreien, knöpfte mir selbst die Gamaschen los und fühlte gleich nach den Füßen, da er vermutlich meinte, sie wären mir erfroren. Dann deutete er auf den Backofen und gab mir zu verstehen, dass ich mich darauf niederlegen sollte, was mir aber wegen des starken Rauches zunächst nicht möglich war. Als jedoch das Feuer gleichmäßiger brannte und der Rauch abgezogen war, kroch ich, der Weisung meines Wirtes folgend, auf den Ofen. Dort traf ich zu meiner großen Verwunderung die ganze Familie des Hauses an. Mein Brot hatte ich zur Seite auf eine Bank gelegt und meine Beinkleidung daneben; dagegen verbarg ich den leinenen Beutel, der meine noch übrigen 28 Potacken enthielt, in meiner Mütze und legte mir diese unter den Kopf. Die schon auf dem Ofen Liegenden machten mir bereitwillig Platz, indem einige ihre Stellung veränderten, andere hinunterstiegen.

Es ist leicht begreiflich, dass ich, obschon sehr ermüdet, in dieser ungewohnten Situation nicht gleich einschlafen konnte und so hörte ich denn, wie sich unten in der Stube ein leises Gespräch entspann, von dem ich aber nur hin und wieder das verhängnisvolle Wort „*Franzoski*" verstehen konnte. Es genügte, um in mir Empfindungen und Gedanken unangenehmer Art zu erregen. Was hatte ein „*Franzoski*" von den erbitterten russischen Bauern wohl anderes zu gegenwärtigen als den Tod?

Endlich übermannte mich aber dennoch der Schlummer und ich versank in einen ebenso betäubenden wie unerquicklichen Schlaf. Drei Stunden ungefähr mochte ich so gelegen haben, als ein starker Lärm mich weckte. Ich befand mich allein auf dem Backofen, die Stube unter mir wimmelte aber von russischen Bauern, die mir bereits, während ich schlief, mein Geld aus der Mütze gestohlen hatten. Sie starrten zu mir herauf und ich schaute sie an, wie wohl ein Vogel die Schlange anblicken mag, deren Nähe ihm den unvermeidlichen Tod kündet. Die Stube füllte sich immer mehr.

Es ist in den Häusern der Russen üblich, dass sich in den Stuben an der östlichen Seite ein Heiligenbild befindet. Wenn nun ein Fremder, ein Bekannter oder Verwandter zum Besuch in die Stube tritt, so geht er - ohne auf die Anwesenden Rücksicht zu nehmen, - zuerst auf das Heiligenbild zu, verbeugt sich mehrmals vor diesem und schlägt eben sooft mit den Fingern auf der Brust das Zeichen des Kreuzes. Erst nach dieser Zeremonie grüßt der Besucher die Hausbewohner. - So machten es auch hier alle Eintretenden. Ich sah dies, als ich, von dem Gemurmel in der Stube geweckt, die Augen ein wenig öffnete. Als ich vollends erwacht war, winkte man mir, meinen Platz zu verlassen und herunterzukommen, was ich auch augenblicklich tat, da mein Ungehorsam traurige Folgen für mich haben konnte. Ich ging denn auch erst, als ich vom Ofen stieg, in jene Ecke, in der das Heiligenbild abgebracht war und machte das Zeichen des Kreuzes, worüber sich alle sehr zu wundern schienen, da sie wahrscheinlich vermuteten, ein Franzose wisse von Gott und den kirchlichen Zeremonien ebenso wenig, wie einer ihrer tyrannischen Gutsbesitzer von Barmherzigkeit. Sie drückten diese Verwunderung aus, indem sie sich ansahen und zueinander sagten: *„O Boge meu - ette Kristiansci!"*[24]

Ich suchte ihnen darauf begreiflich zu machen, dass ich kein Franzose, sondern ein Deutscher sei, der nur gezwungen gegen die guten Russen ins Feld gezogen wäre. Aber sie verstanden mich nicht und zogen mich zu einem großen runden Klotz in der Mitte der Stube, wo ich mein Brot und auch einige große Flaschen mit Schnaps erblickte, die wahrscheinlich mit Hilfe der mir abgenommenen Potacken besorgt war. Nachdem ich meine inzwischen getrocknete Fußbekleidung wieder angelegt hatte, wurde ich aufgefordert, mit meinen neuen Freunden Branntwein zu trinken; der Älteste der Anwesenden machte damit den Anfang, indem er einen hölzernen Becher von der Größe eines gewöhnlichen Bierglases voll schenkte, drei bis vier Mal das Zeichen des Kreuzes machte und ihn sodann auf die Gesundheit der Umstehenden und der Seinigen in einem Zuge austrank. Dieses Beispiel ahmten die Übrigen nach und so kam denn auch der Becher in meine Hände. Obgleich ich wenig Neigung hatte, in meinem nüchternen Magen eine so große Quantität Branntweins zu schütten, trank ich dies, weil ich trinken musste und war froh, als bei dem zweiten Umgang des Bechers die Flasche früher leer ward, als ich an die Reihe kam.

Hierauf wurde mir durch Zeichen angedeutet, dass man mir die Hände zusammenbinden und mich dann transportieren wolle. In demselben Augenblicke erblickte ich auch einen so genannten Bauernkosaken, der mit einer Pike bewaffnet am Eingange der Türe stand. Jetzt dachte ich nicht anders, als dass man mich dem Transporte bei Roslow wieder zuführen wollte und es kam mich meine Lage so traurig vor, dass ich mich der Tränen nicht erwehren konnte.

Indes hoffte ich, dass, wenn ich in der Nacht wieder abgeliefert würde, mich die Kosaken, denen ich entflohen war, nicht erkennen könnten und dass dann man Los sich vielleicht besser gestalten würde. Ich suchte daher unter allerlei Vorwänden meinen Aufenthalt in der Hütte noch zu verlängern und ich hatte hiervon wenigstens den Vorteil, dass mehrere Weiber, denen meine Jammergestalt und meine geschundenen Füße wohl Mitleid einflößen mochten, mich noch mit aller-

---

[24] (russ.) "Mein Gott, es ist ja ein Christ!"

lei altem Zeug beschenkten, das mir gut gegen die Kälte dienen konnte. Auch meine Füße umwickelten sie und wünschten mir eine glückliche Reise. Als ich ihnen zeigte, dass ich mit den dick umwickelten Beinen, die nun zwar vor Frost und Kot hinlänglich geschützt schienen, in dem hohen Schnee nicht gehen könne, öffneten sie die Tür und ich sah einen Schlitten mit einem Pferde bespannt und noch einen zweiten Kosaken. Ich musste hierauf den Schlitten besteigen. Auf mein Bitten und da alle einsahen, dass ich in meinem Zustande nicht entfliehen oder sonst Schaden anrichten könne, wurden mir die Hände nicht gefesselt.

Es mochte nachmittags zwischen 02.00 und 03.00 Uhr sein, als meine Abfahrt, bei der sich das ganze Dorf versammelt hatte, endlich vonstatten ging. Ich fuhr auf demselben Wege, auf dem ich gekommen war, zurück. Die beiden Kosaken, die mich begleiteten, waren noch sehr jung und schienen mir auch gutmütig und als es mir nach dem Verlauf von etwa einer Stunde einfiel, dass wir an dem Gebäude, an dem ich die Nacht zuvor jenseits des Waldes vorüber gekommen war, vorüber mussten, bat ich sie durch Zeichen, doch im nächsten Orte mit mir einzukehren. Sie schienen meine Bitte verstanden zu haben und nickten mit dem Kopfe.

Es begann zu dämmern, als wir das Ende des Waldes erreichten und ein ziemlich großes Dorf vor uns liegen sahen. Ich bat abermals meine Begleiter, in diesem Orte Halt zu machen und wir fuhren nun langsam, da der sehr hohe Schnee ein schnelleres Fahren unmöglich machte, vor ein ziemlich großes Haus.

Auf meiner Flucht aus dem Biwak bei Roslow hatte ich, wie schon erzählt, unweit der Mühle in jener sternenhellen Nacht ein großes, schlossartiges Gebäude bemerkt, das ganz erleuchtet war und mich auf den Gedanken brachte, dort möchte wohl eine große Gesellschaft russischer Adeliger versammelt sein. Dieser Gedanke veranlasste mich, damals meine Flucht weiter fortzusetzen. Denn von den russischen Adeligen konnte ich - bei ihrer Erbitterung gegen die Fremdlinge - nicht viel Gutes erwarten, musste vielmehr fürchten, dass der Herr jenes Gutes mich ungesäumt zu dem Marterplatze bei Roslow zurückschleppen ließe.

Als ich nun auf meiner traurigen Rückfahrt das Schloss wieder bemerkte, bat ich die mich begleitenden Kosaken mit den Worten „Quartier! Quartier!" und auf das Schloss deutend, dort ein Nachtlager zu suchen. Ich erhoffte von dieser Verzögerung meiner Auslieferung viel für mich; es mochte der Transport der Gefangenen weitergegangen sein und die neuen Kosaken mich dann nicht wieder erkennen oder es konnte der Besitzer jenes Schlosses, durch Mitleid mit meinem traurigen Zustande bewogen, mich bei sich aufnehmen und bis zur endlichen Entscheidung des furchtbaren Krieges bei sich behalten. Jedenfalls aber fristete ich durch ein Nachtquartier an jenem Orte einen Tag mein peinvolles Dasein.

Als wir bei dem Hause angelangt waren, deuteten mir die Kosaken an, dass ich aussteigen sollte und wir hier die Nacht über verbleiben würden. Obgleich ich nun nicht wusste, wohin mein Schicksal mich noch führen würde, freute mich doch die Aussicht auf ein warmes Lager und ich wollte rasch von dem Schlitten springen, um ins Haus zu eilen, als ich alsbald fühlte, dass mir trotz aller Umhüllung bei dem langsamen Fahren die Füße und Beine erfroren waren. Die Kosaken mussten mich nun in die große Stube tragen, die zu ebener Erde lag und worin sich ein großer Backofen befand. Kaum war ich hier angelangt und hatte mich niedergesetzt, als schon eine große Anzahl von Männern, Frauen und Kindern in die Stube drangen und neugierig den „*Franzoski*" betrachteten.

Ein kleiner, etwa neun Jahre alter Knabe, der sich durch seine reinliche und schöne Kleidung von den übrigen auszeichnete, fragte mich auf Französisch, ob ich ein Franzose sei. Ich erwiderte ihm, ich wäre ein Deutscher und er sagte freudig, es befände sich auch eine deutsche Frau hier, die er sogleich herbeiholen wolle. Die Freude, die mich bei diesen Worten packte, kann ich unmöglich beschreiben; ich sollte eine Deutsche finden, mit der ich Deutsch sprechen, der ich meine Leiden und mein Unglück erzählen, die ich um Mitleid und Hilfe anflehen konnte! Die Hoffnung, dass meine Leiden nunmehr zu Ende seien und ich auf Pflege und Teilnahme gefühlvoller Menschen rechnen dürfe, presste heiße Tränen der Freude und des Dankes aus meinen Augen.

Es mochte wohl nach der Entfernung des Knaben zehn Minuten verstrichen sein, als ich vom Eingange der Tür her die Stimme einer Frau vernahm, die sich durch den Haufen der mich umstehenden Russen einen Weg zu bahnen schien. Sie trat endlich auf mich zu und fragte sogleich: „Sind Sie ein Deutscher?"

Ich wurde fast besinnungslos vor Freude, als ich diese wenigen Worte meiner Muttersprache hörte und bejahte kurz ihre Frage, worauf sie ohnmächtig niedersank. Einige umstehende Frauen wuschen ihr das Gesicht mit kaltem Wasser, wodurch sie wieder zu sich kam und mir erklärte, dass mein schrecklicher Anblick, meine elende, vor Hunger, Kälte und den Strapazen ausgemergelte Gestalt und dazu die Gewissheit, dass ich ein Landsmann von ihr sei, ihr für den Augenblick die Besinnung geraubt hätten. Ich bat sie nun, doch die vielen umstehenden Leute zu entfernen, damit ich imstande wäre, ihr mein Unglück zu erzählen. Zugleich sagte ich ihr, dass meine Füße und Beine erfroren wären und ich mich so schwach fühlte, dass ich wohl bald dem Tode in die Hände fallen würde. Von dieser Äußerung wurde sie heftig ergriffen und sprach einige Worte in russischer Sprache zu den Umstehenden, worauf alsbald die ganze Versammlung verschwand.

Sie warf ihren Pelzmantel ab, zerschnitt mit einem Messer eilends meine Fuß- und Beinbekleidung, holte ein Gefäß mit Schnee herbei und bat mich, meine Beine sofort bis ans Knie, denn so weit war der Frost vorgedrungen, in den Schnee zu stecken. Sie sagte mir hierbei, dass dieses Mittel das einzige wäre, was mir helfen könne. Die gute Frau entfernte sich während der ersten Nacht nicht von mir und befahl zwei anderen Frauen, sogleich wieder frischen Schnee herbeizuholen, wenn der alte durch die Stubenwärme zu schmelzen anfing.

Sie erzählte mir nun während der Nacht, nachdem sie mir bei der Gutsherrschaft Aufnahme erwirkt hatte, die Schicksale, die sie selbst infolge des Krieges betroffen hatten. Sie hatte früher in Smolensk gewohnt, wo sie eine Gerberei besessen hatte, deren Ertrag sowohl sie als ihre beiden Töchter anständig ernährte. Ihr Gatte, namens Jung, mit dem sie vor 25 Jahren von Wien nach Smolensk gereist wäre, sei schon einige Jahre tot gewesen, als die Franzosen Smolensk zerstört und sie mit den anderen Einwohnern zur Flucht gezwungen hätten.

Bei der allgemeinen und grenzenlosen Verwirrung hätte sie ihre Töchter verloren und bis jetzt nichts wieder von ihnen gehört; sie selbst wäre hier im Orte von der Gutsherrschaft liebreich aufgenommen worden und deshalb hier geblieben.

Der Gutsherr sein ein ehemaliger Major der kaiserlichen Garde, namens von Fonton; er sei ein geborener Franzose, seine Gemahlin aber eine Deutsche und aus dem Großherzogtum Baden gebürtig, sie sei mit der Kaiserin von Russland als Hofdame nach Petersburg gekommen. Bei ihrer Verheiratung hätte diese das Gut mit etwa 1.200 Leibeigenen vom Kaiser Alexander zum Geschenk erhalten. Herr von Fonton hatte außerdem noch eine Anstellung als Oberforstmeister im Gouvernement von Orel, weshalb er selbst in Orel, seine Frau aber mit zwei Kindern auf diesem Landgute wohnte, das Maximqua hieß.

Ich hatte in der vorigen Nacht, als meine Flucht mich an diesem Schlosse vorüberführte, ganz richtig geurteilt. Es war hier eine große Gesellschaft gewesen, weil der Besitzer des Gutes, der es auf kurze Zeit besucht hatte, wieder nach dem Orte seines Berufes zurückzukehren gedachte und deshalb seine hiesigen Freunde noch einmal um sich sehen wollte, um ihnen Lebewohl zu sagen. Ich erkannte hierbei so recht deutlich den Finger der Vorsehung. Denn Herr von Fonton war ein entschiedener Feind der eingedrungenen Fremdlinge und würde mich - wäre ich bei seiner Anwesenheit nach Maximqua gekommen - gewiss sofort den Kosaken überliefert haben. Dass ich nun gerade diesen Abend zu meiner Flucht wählte, nach jener Gegend mich wandte, in jener Bauernhütte einkehrte und - nach dem Orte zunächst geführt wurde, wo zwei deutsche Frauen wohnten: sind diese scheinbaren Zufälligkeiten nicht Gottes Fügungen?

Noch mehrere Tage musste ich unter starken Schmerzen zubringen und die Füße fortwährend in Schnee halten. Erst nach und nach gelang es, den Frost gänzlich aus den Beinen und Füßen zu vertreiben. Meine Landsmännin sorgte nun auch für passende Kleidung und sah darauf, dass meine Nahrung gut und von der Art war, meinen entschwundenen Kräften wieder aufzuhelfen. Ich war denn auch nach dem Verlauf von drei Wochen wieder leidlich gesund und konnte mich nun der gnädigen Frau von Fonton zeigen, die schon mehrmals den Wunsch geäußert hatte, mich zu sehen und zu sprechen. Sie empfing mich in ihrem Vorzimmer und ich verfehlte nicht, ihr meinen innigsten Dank für die mir bewiesene Güte und Pflege auszusprechen, die allein mein Leben gerettet hat. Dann erzählte ich ihr in aller Kürze meine Unglücksfälle und beschrieb ihr die barbarische Behandlung der Gefangenen.

Sie schien hiervon sehr gerührt und erwiderte, dass sie wohl von einer schlechten Behandlung der Gefangenen gehört hätte; sie hätte aber nimmer geglaubt, dass man auf solche tyrannische Weise mit Menschen umgehen könne. Hierauf fragte sie mich, ob wohl unter den Gefangenen auch deutsche Handwerker wären. Ich erwiderte, dass man gewiss unter ihnen Handwerker aller Art finden würde, wenn überhaupt vom ganzen Transporte, dem ich mich bei Roslow entzogen hätte, noch jemand am Leben wäre.

Von diesem Transport bei Roslow hatte indes Frau von Fonton gar keine Kunde erhalten; wohl aber wusste sie, dass mehrere tausend Mann Gefangene bei Praensk, einer zehn Meilen von Maximqua gelegenen Stadt, angekommen wären und daselbst sich schon einige Tage aufhielten. Sie schickte sofort einige Diener mit bespannten Schlitten und den nötigen Aufträgen und Befehlen nach Praensk.

Am vierten oder fünften Tage kamen ihre Diener mit fünf Deutschen, je einem Schneider, Schuhmacher, Weber, Schlosser und Drechsler zurück. Diese Unglücklichen, die ganz zerlumpt waren und erbärmlich aussahen, hatten ähnliche Schicksale wie ich erlitten. Sie waren alle jenseits der Beresina gefangen genommen worden; doch hatten sie, da sie zu den Reservetruppen gehörten, den unseligen Rückzug von Moskau nicht mitgemacht. Da ihnen allen, dem einen dieser, dem anderen jener Körperteil erfroren war, schickte Frau von Fonton nach Roslow und ließ einen Arzt, der auch ein Deutscher war, holen. Dieser Mann hieß Krause und war aus Magdeburg gebürtig, hatte aber noch weniger Mitleid und Erbarmen mit den Deutschen, als die Russen selbst. Er kam zwar und untersuchte grob und hastig die Gefangenen, verschrieb ihnen auch Arznei, sprach aber kein Wort mit ihnen. Als ich ihn bei seinem Weggehen höflichst fragte, was aus den Gefangenen geworden wäre, die vor ungefähr drei bis vier Wochen bei Roslow im Biwak gestanden hätten, antwortete er mir, die Sippschaft läge samt und sonders erfroren auf dem Platze. Späterhin hörte ich die Wahrheit seiner Aussage noch von mehreren Augenzeugen bestätigt.

Obgleich die fünf Handwerker auf das sorgfältigste gepflegt wurden und man nichts unterließ, was ihr Leiden mindern konnte, starben sie dennoch einer nach dem anderen und nur der Schuhmacher Lorenz Werner, aus dem Badischen gebürtig, blieb am Leben. Indes hatte er, wie auch ich, fortwährend mit verschiedenen Krankheiten zu kämpfen. So befiel mein rechtes Bein eine Lähmung, so dass ich in den ersten vier Wochen durchaus kein Gefühl darin hatte und erst nach Verlauf von sieben Wochen mittelst einer Krücke imstande war, mich aufrecht von einem Fleck zum anderen zu bewegen.

Im Monat Februar 1813 konnte ich jedoch die Stube wieder verlassen und ins Freie gehen. Aber das Wetter untersagte mir das bald wieder, da ausgangs Februar eine solche Menge Schnee fiel, dass er an mehreren Stellen zehn bis zwölf Fuß, durchgängig aber vier bis fünf Fuß hoch lag. Zugleich stellte sich auch wieder starke Kälte ein.

Während meiner Krankheit hatte ich mit Werner eine eigens dazu erbaute Badestube bewohnt, die ungefähr zwanzig Schritte vom Schlosse entfernt lag; diese Stube wurde zwei Mal des Tages mittelst eines Backofens geheizt. Bequem eingerichtete Schlafgemächer findet man bei den gewöhnlichen Russen nicht und Betten, wie sie hier in Deutschland gebräuchlich sind, habe ich nie gesehen. Selbst die reichen Russen schlafen statt dessen in Pelzwerk. Ich hatte in meiner Badestube ebenfalls eine Pelz und eine Kopfunterlage, womit ich mich auf eine Bank oder auf den Ofen legen musste. In keiner solchen Stube und überhaupt in keiner russischen Bauernstube findet man Glasfenster, sondern nur viereckige Öffnungen, ungefähr 18 Zoll im Durchmesser, die mit einem Schieber versehen sind, um das nötige Licht durchzulassen. In den Bauernstuben, die in der Regel des Tages nur einmal durch den darin befindlichen Backofen geheizt werden - wobei der entstehende Rauch durch die Stubentür abziehen muss, - werden aber bei starker Kälte auch Schweine, Schafe mit ihren Lämmern, Federvieh usw. beherbergt. Es bildet sich dann eine solch drückenden Luft in ihnen, dass es nur Russen möglich ist, darin zu atmen.

Gleich nach meiner Genesung wurde mir eine kleine Stube im Schlosse eingeräumt, wo ich Gelegenheit hatte, mich mit den Kindern der Frau von Fonton zu unterhalten und ihnen einigen Unterricht im Schreiben und Rechnen zu geben. Auch bemühte ich mich, soviel als möglich von der russischen Sprache zu erlernen und mich überhaupt mit meiner Umgebung und der russischen Lebensart bekannt zu machen, da ich ja nicht wusste, ob ich nicht für immer in diesem Lande verbleiben musste.

Seitdem ich mich auf dem Schlosse eingerichtet hatte, wohnte der Schuhmacher Werner allein in der Badestube und konnte nach seinem Gefallen arbeiten, wozu ihm das nötige Handwerkszeug und Leder geliefert wurden. Zugleich hatte er aber auch den Auftrag, ein paar jungen Russen von den Leibeigenen in seinem Handwerk zu unterrichten.

Die Grundbesitzungen des Gutes Maximqua waren sehr ausgedehnt; es gehörten dazu große Waldungen und ungeheure Ländereien und Wiesen, die aber nicht, wie in Deutschland, alle zum Anbau benutzt wurden. So zum Beispiel kannte man hier den Wert des Düngers gar nicht; statt ihn auf die Ländereien zu fahren, wurden die Wege damit ausgebessert. Es befand sich ferner auf dem Gute eine sehr große Branntweinbrennerei; die Trebernwäsche floss in einen breiten Teich, ohne dass es jemand eingefallen wäre, sie für das Vieh zu benutzen. Die Bearbeitung der Äcker, die Handhabung der Brennerei, der Öl- und Mahlmühle geschah durch Leibeigene, die sich jeden Tag, so wie es verlangt wurde, zu den vorkommenden Arbeiten stellen mussten.

In dem nahen Walde wohnte ein alter Mann in einem kleinen Blockhause, der die Aufsicht über 100 Klötze mit Bienen zu führen hatte. Dieser bekam wöchentlich nur einmal eine Sendung von Lebensmitteln und war seit sieben Jahren nicht mehr von seinen Bienen weggekommen. Bei dem letztgefallenen Schnee ließ er sagen, dass er von Wölfen beunruhigt würde, weshalb mich Frau von Fonton aufforderte, Jagd auf diese gefährlichen Gäste zu machen. Indes konnte ich da bei dem vielen Schnee und meiner gänzlichen Unkenntnis der Gegend nicht wohl unternehmen, obgleich die Regierung für jeden erlegten Wolf 50 Rubel Papiergeld bezahlt und der Jäger zudem auch den Pelz behalten darf. Glücklicherweise fiel mir ein, ein gefallenes Vieh in Schussweite von der Hütte niederlegen zu lassen, um den Wolf herbeizulocken und ihn aus dem Blockhause, also einer sicheren Stellung, erschießen zu können.

Gleich am folgenden Morgen wurde nun auf meine Anweisung ein Stück Rindvieh, das die Nacht vorher auf dem Viehhofe krepiert war, hinausgefahren und neben der Hütte niedergelegt. Der alte Bienenwärter bekam den Auftrag, genau Acht zu geben, wenn sich der Wolf sehen ließ und mich dann alsbald zu benachrichtigen. Ich hatte mir mit Hilfe eines Tischlers ein Gewehr so instand gesetzt, dass ich recht gut damit schießen konnte und als nach drei Tagen der Wolf sich richtig bei dem Kadaver eingefunden hatte, fuhr ich hinaus und hatte das

Glück, gleich in der ersten Nacht, bei hellem Mondenschein, das Tier, einen starken männlichen Wolf, zu erschießen. Acht Tage später erlegte ich, auf ähnliche Weise die Wölfin, wofür ich auch das Schießgeld mit 100 Rubel ausgezahlt bekam.

Bei meinen Streifereien traf ich auch prächtige Birkhühner und da ihre Balzzeit gerade in den Monat April fällt, beschloss ich, Jagd auf sie zu machen. Aber es war ihnen schwer beizukommen, so dass ich es nur ihrer großen Menge verdankte, wenn ich zuweilen auf dem Striche eins davon traf.

Zu Maximqua erlebte ich auch das Osterfest, das höchste Fest der Russen. Unter Fasten und Beten bringen sie die Tage vor der Feier zu und die letzte Nacht vorher wird unter Wachen und Singen in der Kirche oder auch im Hause verbracht. Da ich mit diesen Gebräuchen nicht bekannt war, legte ich mich in der Nacht vor Ostern wie sonst auf mein Lager, um zu schlafen. Aber kaum hatte ich mich niedergelegt, als mehrere Leute von der Dienerschaft in mein Stübchen kamen und mich nötigten, die Nacht mit ihnen zu durchwachen. Auch den Schuhmacher Werner hatten sie aus der Badestube geholt und auch er musste die Nacht mit ihnen verbringen. Der Pope und vier geistliche Sänger sangen in der Kirche die ganze Nacht hindurch weiter nichts als: „*Hospodi pamilui!*"[25], während die Gemeinde fortwährend unter Verbeugungen das Zeichen des Kreuzes machte. Ich kann wohl sagen, dass sich der Gesang recht feierlich und gut ausnahm.

Mit Anbruch des Tages küsste man sich und beschenkte einander mit buntgefärbten gekochten Eiern, indes man rief: „*Chistus was Chris, was istene was Chris*"[26].

So andachtsvoll und religiös dieser Tag von den Russen auch begonnen wurde, sie beschlossen ihn mit Ausschweifungen und Völlerei; denn gegen Abend waren sie samt und sonders berauscht.

11. Kapitel
Neue Zuflucht

Gleich nach Ostern traten zu Maximqua verschiedene Krankheiten unter den Leibeigenen auf. Obgleich meine Landsmännin, Frau Jung, die von den Russen Therese Wanuna genannt wurde, der Meinung war, diese Krankheiten rührten von den Franzosen her, konnte ich dies nicht recht glauben, um so weniger, als ich täglich Beispiele von der Unmäßigkeit der Russen mit eigenen Augen sah und zudem in Maximqua nie ein Franzose gewesen war.

In den Monaten April und Mai starben hier 50 Menschen; auch Frau von Fonton und Frau Jung erkrankten. Meine Angst war groß und als der Doktor Krause, der von Roslow herbeigerufen worden war, eine sehr bedenkliche Miene machte, als endlich meine Wohltäterinnen beide wirklich starben, war mein Schmerz gren-

---

[25] „Herr, erbarme Dich unser!"

[26] „Christus ist erstanden, Christus ist wahrhaftig auferstanden!"

zenlos. Ein Eilbote ging nach Orel ab, um dem Baron die Trauernachricht zu bringen. Schon am fünften Tag kam dieser mit Extrapost an; er war untröstlich über den Tod der geliebten Gattin und als die Dienerschaft ihm sagte, die Krankheit, die im Maximqua ausgebrochen war, woran so viele und auch die gnädige Frau gestorben wären, rührten von den deutschen Gefangenen her, da mussten wir augenblicklich vom Hofe und uns ein anderes Unterkommen suchen. - Die Leiche der Frau von Fonton wurde über acht Tage lang ausgestellt und es kamen in dieser Zeit viele Beileidsbesuche aus der Umgegend.

Eines Tages kamen auch mehrere Adelige in das Zimmer, wo die Leiche ausgestellt war, um zuerst das übliche Zeremoniell zu verrichten und nach russischer Sitte dann erst dem Leidtragenden das Beileid auszusprechen. Ich saß in einer Ecke des Zimmers, gedachte der Wohltaten, die ich von der Verstorbenen genossen hatte und ließ alle die hoffnungslosen Möglichkeiten, die von nun an, da ich wieder schutzlos dastand, mich treffen konnten, vor meinen Augen vorüberziehen. Da trat noch sehr spät ein Herr herein, sprach sein Gebet, kam dann auf mich zu und fragte mich auf Französisch, ob ich ein Franzose sei. Ich erwiderte ihm, dass ich ein Deutscher sei, von der verstorbenen Frau von Fonton mitleidig aufgenommen und durch ihre Güte vom sicheren Tode gerettet sei. Jetzt, da meine Beschützerin tot sei, würden ich und ein Landsmann von mir von dem Gutsherrn und der Dienerschaft als die Ursache der Krankheiten, die zu Maximqua aufgetreten seien, angesehen und als solche gehasst und vertrieben. Es bleibe mir also nichts weiter übrig, als aufs Neue einem ungewissen, vielleicht schrecklichen Lose entgegen zu wandern.

Er erwiderte mir hierauf äußerst freundlich und in deutscher Sprache: „Es ist mir ungemein lieb, dass ich einen Deutschen antreffe; kann es Ihnen hier nicht mehr gefallen, so kommen Sie nur getrost mit Ihrem Landsmanne zu mir; ich liebe die Deutschen, habe vielen Umgang mit ihnen in Petersburg gehabt und Sie sollen sehen, dass ich es gut mit Ihnen meine. Auch werden Sie bei mir deutsche Bücher finden, die mir von deutschen Freunden bei meiner Abreise von Petersburg zum Andenken geschenkt worden sind." Er sprach diese Worte langsam, mit Betonung auf jeder Silbe, wie ein Ausländer spricht.

Hocherfreut über dieses Anbieten nahm ich es mit geziemendem Danke an. Darauf führte mich der Herr, der ebenfalls Gutsbesitzer war, Paul Gabriel von Nestrow hieß und auf dem etwa vier Stunden von Maximqua entfernten Dorfe Barannua wohnte, vor die Haustüre und zeigte mir die Richtung, in der sein Gut lag. Hierauf stattete er dem Herrn von Fonton den Beileidsbesuch ab und fuhr, nachdem es sich nur kurze Zeit aufgehalten hatte, wieder davon.

Ich eilte jetzt zu Werner, um ihm ebenfalls durch die Nachricht von unserer sich so glücklich gestaltenden Lage zu erfreuen; er war fast noch froher darüber als ich und wollte gleich die erste Nacht, ohne jemand weiter ein Wort zu sagen, auf und davon. Dies litt mein Dankbarkeitsgefühl aber nicht; wir hatten zu Maximqua zuviel des Guten genossen, hier hatte sich die Wendung unseres traurigen Geschicks vollzogen, und wir mussten auf jeden Fall dem Baron unseren Dank zuvor abstatten, ehe wir Abschied nahmen. Da auch Werner hiermit einverstanden war, ließ ich mich bei Herrn von Fonton anmelden; er wollte mich aber durchaus nicht sehen und ließ mir barsch zurücksagen, ich sollte mich zum Teufel scheren!

Nun blieb uns weiter nichts übrig als das von Werner vorgeschlagene Mittel und da ich es für am ratsamsten hielt, je eher je lieber von selbst wegzugehen, als später von der neidischen Dienerschaft weggejagt zu werden, so beschlossen wir, gleich in dieser Nacht noch uns aufzumachen. Wir packten in aller Stille unsere Sachen zusammen und sagten abends 11.00 Uhr in den letzten Tagen des Mai 1813 Maximqua Lebewohl.

Mit welchen Gefühlen ich mich von diesem Orte trennte, wird jeder verstehen, der den Zustand und die Aussichten, mit denen ich dort ankam, zu würdigen weiß. Hier hatte die gütige Vorsehung mich der Teilnahme und Sorgfalt zweier deutscher Frauen übergeben; hier hatte ich ein Unterkommen gefunden, das mich dem sicheren Tode durch die Pike der Kosaken oder durch Hunger, Kälte und Ermattung entriss; hier hatte sich mein Körper von den Folgen der erlittenen Strapazen erholt; hier hatte ich den entsetzlichen Winter beschlossen und die heiteren Tage des Frühlings erlebt; hier hatte ich so viel von der russischen Sprache gelernt, um mich künftig doch wenigstens im Notwendigsten verständlich machen zu können; hier hatte ich den Umgang mit zwei Deutschen gehabt und hatte so meine Entfernung von der Heimat nicht so tief empfunden. Und diesen Ort sollte ich nun verlassen, ohne Dank gegen meinen beiden Wohltäterinnen, als ein Verachteter, an dem man sich über kurz oder lang tätlich vergreifen würde? Meine Wohltäterinnen lagen in der kühlen Erde, meine Zukunft war, wenn auch für den Augenblick nicht ganz aussichtslos, so doch unsicher. Wer wird es nicht natürlich finden, dass meine Brust von wehmütigen und traurigen Gefühlen erfüllt war? Lorenz Werner wusste von diesem allen nichts; er war eine gutmütige Seele, aber dabei heiterer Natur und leichten Sinns.

Es war eine schöne Frühlingsnacht, als wir Maximqua verließen. Der Mond schien hell, so dass wir recht gut unseren Weg verfolgen konnten und auch schon zwischen 03.00 und 04.00 Uhr morgens in Barannua anlangten. Wir fanden zwar das Schloss des Herrn von Nestrow sogleich, wollten aber ihn und seine Dienerschaft nicht im Schlafe stören und begaben uns in aller Stille in die nicht weit vom Schlosse gelegene Badestube. Diese Stube stehen immer offen. Da es nicht sehr kalt war und wir auch warm gekleidet waren, konnten wir es immerhin bis zum anderen Morgen darin aushalten. Wir legten uns auf das Bretterwerk, dankten unserem Schöpfer, dass es uns abermals ein freundliches Asyl angewiesen hatten und wollten eben einschlafen, als wir bemerkten, dass ein Mensch vom Ofen kam und sich schnell entfernte. Obgleich wir uns nun für völlig sicher hielten, so beschlossen wir doch, uns nicht dem Schlafe hinzugeben, da wir zu oft erfahren hatten, wie sehr die Tücke dieses uns feindlichen Volkes zu fürchten war. Indes ließ sich nichts mehr hören und sehen.

Am frühen Morgen schon kam der Baron von Nestrow in die Badestube, bewillkommnete uns und nahm uns mit in seine Wohnstube, wo wir mit ihm Tee trinken mussten. Er erzählte uns, dass er unverheiratet sei und mit einer bejahrten Schwester und einer Nichte auf diesem Gute lebe und sagte uns, dass sich die beiden Damen darauf freuten, einmal Deutsche zu sehen, von denen er ihnen so manches schon habe erzählen müssen. Den Schuhmacher Werner ersuchte er, wenn er sich doch einmal in seinem Handwerk beschäftigen wolle, für die Damen einige Paar Schuhe nach deutschem Schnitt zu machen, wofür Schwester und Nichte ihm gewiss sehr dankbar sein würden; das Material dazu solle ihm geliefert werden. Werner erklärte sich natürlich sogleich bereit. Für mich wusste der gütige Herr keine andere Beschäftigung, als dass ich beständig um ihn sein, dass ich mich mit ihm über Deutschland, über deutsche Sitten und Gebräuche unterhalten solle; er hingegen wolle mir dann Unterricht in der russischen Sprache geben, da er der Meinung war, dass ich für immer bei ihm zu bleiben entschließen würde, zumal man nicht wissen könne, wie lange der Krieg noch dauern würde und bis zum Friedensschlusse an keine Auslieferung zu denken sei.

Ich machte in der russischen Sprache auch immer größere Fortschritte, da sich auch die Schwester und die Nichte des Barons, die beide kein Wort Deutsch verstanden, die erdenklichste Mühe gaben, mir russische Vokabeln und Spracheigentümlichkeiten beizubringen. Doch musste dieser Unterricht bald wieder ausgesetzt werden; ich wurde abermals krank und genötigt, vier volle Wochen mein Lager zu hüten. Nur die liebevolle und aufmerksame Pflege, die mir von den beiden Damen zuteil wurde, konnte meine unerträglichen Schmerzen einigermaßen lindern und ihnen allein hatte ich es auch zu verdanken, dass ich schon im Anfang Juli wieder meine Stube verlassen durfte.

Um mich zu stärken und zu erfrischen, schlug der Baron mir vor, bei dem herrlichen Wetter in der Umgegend umherzustreifen. Ich ging gern auf diesen Vorschlag ein und lernte so noch manche Familie und manches schöne Landgut kennen, wo der Baron überall gern gesehen und geachtet war. Besonders gefiel mir eine Familie, die ungefähr 8 Meilen oder 56 Werst von Barannua wohnte und aus einer Dame mit drei Töchtern bestand, die 1.500 Leibeigene und große, fast unabsehbare Ländereien und ungeheure Waldungen besaßen. Sie freuten sich sehr, einmal einen Deutschen bei sich zu sehen und waren höchst unwillig gegen Napoleon, da die Mutter in diesem Kriege drei Söhne verloren hatte, die in der russischen Armee als Offiziere gedient hatten. Ich suchte sie, so gut ich es vermochte, zu trösten und war schließlich so gern bei ihnen gesehen, dass sie mich ernstlich baten, den Baron zu verlassen und bei ihnen zu bleiben, was ich natürlich nicht annehmen konnte

Herr von Nestrow, der mir nur alle erdenklichen Annehmlichkeiten bereitete, bot mir sogar an, er wolle mir ein dem seinigen ähnliches Haus erbauen lassen, mir Grundstücke und Leibeigene schenken und mir bei der Wahl einer Frau behilflich sein. Ich erklärte ihm jedoch, dass ich seine väterliche Güte dankbar anerkenne, aber es doch vorziehen würde, in mein Vaterland zurückzukehren, das mir, seit ich von ihm entfernt bin, nur um so lieber geworden wäre. Er lobte meine Gesinnung und drang von nun an nicht mehr in mich, ganz in Russland zu bleiben; trotzdem war er in seiner Freundschaft gegen mich immer derselbe und ich kann versichern, dass nicht ein Tag in Barannua verging, da er mir nicht rührende Beweise davon gab.

12.Kapitel
Abschied und Abreise

Anfang August wurde eine Petersburger Zeitung an alle Gutsbesitzer geschickt, worin sich ein Ukas des Kaiser Alexander in russischer, deutscher und französischer Sprache abgedruckt fand, der ungefähr folgendermaßen lautete:

„Seine Majestät der Kaiser aller Reußen habe mit Unwillen vernommen, dass so viele Gefangene auf eine das menschliche Gefühl empörende Weise, durch Mangel an Pflege und durch Misshandlung ums Leben gekommen seien; dagegen wäre ihm aber auch nicht unbekannt geblieben, dass es sich die adeligen Gutsbesitzer sehr hätten angelegen sein lassen, viele der Gefangenen bei sich aufzunehmen, sie zu pflegen und vom Tode zu retten.

Indem Seine Majestät diesen Herrschaften seinen Dank für die Erhaltung und das Wohl so vieler Menschen abstatte, hätte er es jetzt für zweckdienlich erachtet, dass ein genaues Verzeichnis der noch Lebenden aufgestellt und der nächsten Behörde eingeschickt würde, damit für diejenigen, die demnächst in ihr Vaterland zurückkehren gewillt wären, weitere Maßregeln verfügt werden könnten."

Der Baron las mir und Werner mit ungeheuchelter Freude diesen Artikel vor und gab uns dann selbst die Zeitung zu lesen. Er sagte uns, dass wir morgen miteinander nach Poslow fahren würden, um uns beim dortigen Stadtkommandanten als Gefangene zu melden; er stelle uns aber jetzt noch einmal anheim, darüber zu entscheiden, ob wir nicht lieber bei ihm bleiben als in unser Vaterland zurückkehren wollten.

Wir erklärten nun abermals, dass unsere Sehnsucht nach Deutschland so groß wäre, als dass wir jemals in Russland, wenn es auch in der Nähe eines so gütigen und menschenfreundlichen Herrn wäre, glücklich sein könnten. Darauf erwiderte er, so wolle er uns denn nicht mehr länger zureden; wir möchten jedoch so lange, als wir noch nicht weitermarschieren dürften, nach wie vor bei ihm verweilen, bei unserer Abreise werde er uns das nötige Reisegeld schon geben.

Am folgenden Morgen fuhren wir nach Roslow zurück. Der Kommandant erklärte uns, als wir ihm angezeigt hatte, wir wünschten nach Deutschland zurückzukehren, dass wir in diesem Falle uns stets bereithalten müssten, nach einem anderen Aufenthaltsorte zu marschieren. Wir baten, bis zur Auslieferung in Barranua verbleiben zu dürfen, worauf der Kommandant erwiderte, wir könnten bis auf weiteres mit dem Herrn Baron, der nunmehr für uns verantwortlich wäre, wieder zurückfahren.

Nach Verlauf von 14 Tagen kam schon die Order, dass wir uns in Roslow einzufinden hätten, um uns nach einem anderen Orte - es hieß zuerst nach Saratow - zu begeben. So groß unsere Freude auch war, so war doch unsere Trauer, von Barranua, wo wir wie Angehörige der von Nestrowschen Familie behandelt wurden, scheiden müssen, groß und tief. Tränen standen in den Augen, als wir von den Damen Abschied nahmen. Auch die ganze Dienerschaft hatte sich vor dem Hause versammelt und rief uns ein herzliches Lebewohl zu, als wir davonfuhren. Der Baron von Nestrow begleitete uns nach Roslow; doch auch von ihm, unserem einzigen Freunde in dem weiten, weiten Russland, mussten wir endlich scheiden, obgleich er sich nochmals, freilich vergeblich, alle Mühe gegeben hatte, uns bis zu unserer Auslieferung bei sich behalten zu dürfen.

In Roslow wurden wir in einer Vorstadt einquartiert und erhielten täglich einen Potacken, wovon wir unseren Lebensunterhalt bestreiten mussten. Indes hatte sich die Behandlung der Gefangenen, im Vergleich gegen früher, bedeutend geändert. Ging es uns auch kümmerlich, so brauchten wir doch nicht zu hungern, wir hatten ein Obdach, eine Schlafstelle und der Wirt war für seine Einquartierung verantwortlich. Werner und ich hatten noch überdies den Vorteil, dass wir von dem Baron von Nestrow jeder 10 Rubel Reisegeld erhalten hatten und dann besaß ich noch eine kleine Summe von dem Schießgelde, dass ich zu Maximqua für die Erlegung der Wölfe verdient hatte. Wir konnten uns daher während die übrigen von Brot und Branntwein leben mussten, doch täglich etwas Fleisch verschaffen und uns so eine Abwechslung in unseren Mahlzeiten bereiten.

Als nach dem Verlauf von ungefähr 14 Tagen 180 Gefangene, worunter 150 Franzosen waren, nach und nach sich in Roslow versammelt hatten, marschierten wir, von 10 russischen Invaliden und einem Offizier begleitet, über Praensk nach Orel. In dieser schönen Gouvernementsstadt fanden wir mehrere deutsche Gefangene vor, denen es hier gut gefiel und die mir zuredeten, bei ihnen zu bleiben, zumal ich wegen des schlechten Zustandes meiner einmal erfrorenen Füße wohl nicht mehr gut weiter marschieren könne. Ich begab mich deshalb mit Werner zum Gouverneur, um für uns die Erlaubnis auszuwirken, in Orel bleiben zu dürfen. Dieser Gouverneur, von Geburt Deutscher, nahm uns sehr gnädig und freundlich auf und schenkte auch jedem von uns einen Silberrubel; aber unsere Bitte konnte er uns nicht gewähren; wir sollten nur getrost nach Saratow gehen, dass in einer schönen Gegend läge und wo wir noch mehr Deutsche als hier antreffen würden.

Als ich mit Werner aus dem Zimmer des Gouverneurs trat und das Haus verlassen wollte, kam uns ein hoher Herr, mit einem Bärenpelz bekleidet, entgegen und wollte zum Gouverneur. Wir traten an die Seite und grüßten ehrfurchtsvoll.

Er fragte: „Was seid Ihr für Landsleute?"

„Eure Exzellenz", sprach ich, „wir sind Deutsche!"

Darauf wandte er sich an mich mit der Frage: „Was hast Du gelernt?"

„Eure Exzellenz, ich bin gelernter Jäger und Forstmann!"

„Gut, Dich kann ich brauchen, komm in einer Stunde wieder, ich will mit dem Gouverneur Deinetwegen reden!"

Von Werner wollte er nichts wissen, weil er an Schuhmachern selbst keinen Mangel habe.

Aus Rücksicht auf meine leidenden Füße und Beine und in der Überzeugung, dass es mir, wenn ich noch mehr gekräftigt hätte, nicht verwehrt sein würde, nach Deutschland zurückzukehren, hatte ich wohl Lust, das Anerbieten des fremden Herrn anzunehmen. Als wir vor die Türe traten, hielt dort eine glänzende Karosse, mit vier schwarzen arabischen Hengsten bespannt. Ich beschloss daraus, dass der fremde Herr ein sehr reicher und angesehener Fürst sein müsse. Als ich aber Werner meinen Entschluss mitteilte, suchte er mich sofort davon abzubringen, weinte, drang mit Bitten in mich und ließ nicht nach, bis ich mit ihm in ein Wirtshaus ging, wo die Sorge vertrunken, aber auch zugleich die mir von dem genannten Herrn bestimmte Zeit verpasst wurde.

Ich blieb und musste mich nun entschließen, den weiten Marsch nach Saratow anzutreten. Saratow war noch 950 Werst von Orel entfernt und ich wusste kaum, ob meine wunden Füße mich so weit tragen würden; indes fügte ich mich in die Notwendigkeit.

Werner aber, der hier kurz darauf, als wir beim Gouverneur gewesen waren, besonders viele Badener, also Landsleute, angetroffen hatte, wollte sich durchaus nicht entschließen, noch weiter zu gehen und blieb, ohne Erlaubnis zu haben, in Orel zurück. Er, der es ungerecht fand, dass ich mich von ihm trennen wollte, trug seinerseits keine Bedenken, mich zu verlassen. Er hatte später Ursache genug, seine Übereilung zu bereuen.

Es tat mir Leid, von diesem alten Gefährten zu scheiden; wir hatten Schmerz und Freude lange miteinander geteilt und sollten uns nun vielleicht nimmer wieder sehen. Ich hätte ihn wohl bereden können, mit mir weiter zu marschieren; denn er war äußerst gutmütig und mir sehr ergeben. Allein was sollte ich ihn noch an mein ungewisses Schicksal ketten? Ich teilte meine Barschaft mit ihm und nahm Abschied.

Wir marschierten von Orel auf Woronisch, wo wir einen anderen Führer und andere Begleitung erhielten. Da wir von hier aus oft durch weite öde Steppen zu wandern genötigt waren, mussten wir meistens immer auf drei Tage Lebensmittel mit uns führen und oft 10 Meilen marschieren, bevor wir ein Dorf antrafen.

Auch in diesem Teile Russlands ist der Schmutz in den Bauernhütten unerträglich und ich konnte im Quartier des Nachts vor Ungeziefer kaum schlafen. Es war dies eine der größten Plagen, die mich wahrlich oft zur Verzweiflung brachte; denn es war in einem solchen Zimmer Ungeziefer aller Art, besonders aber Wanzen. Eine andere Unannehmlichkeit, von der man in Deutschland nichts weiß, sind hier die Tarakanen, dem so genannten Ohrwurm ähnliche Käfer, die man zu Tausenden in solchen Hütten antrifft. Zwar fügen sie dem Menschen kein Leid zu, aber sie verzehrten die Esswaren, wenn solche nicht gut verwahrt sind.

Da der direkte Weg von Woronisch nach Saratow fast immer durch die Steppe führt und auch das Wetter schon herbstlich wurde, so machten wir einen Umweg, wobei wir durch eine volkreichere Gegend kamen. Wir marschierten nämlich auf Tambow. Es war Ende Oktober, als wir in dieser großen Gouvernementsstadt ankamen. Hier hörten wir nun zwar, dass Saratow mit Gefangenen überfüllt wäre und dass wir daselbst kein Quartier mehr finden würden; allein wir mussten unserer Marschroute folgen und kamen Mitte November in Saratow an. Schon in Tambow hatten uns gefangene Franzosen und Polen berichtet, dass Saratow eine große schöne Handelsstadt wäre, wo man wohlfeil und doch gut leben könne; sie hatten uns nicht die Unwahrheit gesagt.

Es war ein reges Leben in den schönen Straßen und die 7 - 8 Werst breite Wolga war mit unzähligen Schiffen bedeckt, die hier vor Anker lagen. Sehr beträchtlich ist der Fischfang auf der Wolga und wir konnten für wenige Pfennige eine unglaubliche Menge Fische bekommen, unter denen sich besonders der sehr schmackhafte Sterlet auszeichnete. Einen der größten Fische, den ich in der Wolga habe fangen sehen, nannten die Russen „Beluga"; es waren acht Menschen nötig, um ihn im Netze aufs Land zu ziehen.

Gleich nach unserer Ankunft mussten wir uns vor dem Schlosse des Gouverneurs versammeln und erhielten die Mitteilung, dass wir vorderhand in einer Vorstadt einquartiert und verpflegt werden sollten.

Am folgenden Tage ging ich mit einem Deutschen, namens Fischer, in die Stadt, teils um ihre Merkwürdigkeiten zu besehen, teils auch um Landsleute aufzusuchen. Wir kamen auf den Marktplatz, wo gerade Wochenmarkt war und ein reges Leben herrschte. Wir sahen hier allerlei fremdartige Menschen und unter anderen auch ein paar Bauern, die zwar auf russische Art gekleidet, aber bei weitem reinlicher und gefälliger aussahen als die russischen Bauern sonst und die auch, was uns besonders auffiel, ihre Gesichter rasiert hatten, da doch sonst die Bauern alle einen langen Bart trugen. Fischer und ich erschöpften uns in Vermutungen über diese beiden Leute, konnten aber zu keinem Resultate kommen, wir gingen also näher auf sie zu und betrachteten sie neugierig. Sie bemerkten uns ebenfalls und mochten auch unser Gespräch gehört haben; denn einer von ihnen kam mit freundlicher Miene auf uns zu und sagte, er und sein Gefährte seinen ebenfalls Deutsche.

„Wir sind", fuhr er fort, „nicht allein des Marktes wegen hierher gekommen, sondern, da wir in Erfahrung gebracht haben, dass mehrere Landsleute als Gefangene hierher kommen würden, so ist unser Ortsvorsteher, den wir begleitet haben, zum Gouverneur gegangen, um von diesem die Erlaubnis einzuholen, unsere deutschen Brüder mit auf unser Dorf nehmen und sie auf deutsche Weise verpflegen zu dürfen, wofür sie uns etwas von unserem lieben Vaterland erzählen sollen."

Wir waren hocherfreut über diese Worte und dankten den guten Bauern herzlich für ihr gastfreundliches Anerbieten, fürchteten indes, der Gouverneur würde die Erlaubnis nicht erteilen. Allein nach Verlauf von ein paar Stunden kam der Ortsvorsteher zu uns und brachte die freudige Nachricht mit, der Gouverneur habe seine Genehmigung zu unserer Mitnahme erteilt, jedoch die Bauern verpflichtet, uns auf Order zur verlangten Stunde wieder zurück zu liefern.

Am folgenden Tage wurden wir nun alle, ungefähr 28 Mann, von den deutschen Kolonisten abgeholt und in ihr Dorf gefahren. Dieses Dorf lag jenseits der Wolga, bestand aus ungefähr 70 - 80 Häusern und war von Deutschen bewohnt, die, obgleich schon ihre Großeltern sich hier angesiedelt hatten, noch immer nach deutscher Art und Sitte lebten. Es finden sich im schönen Wolgatale noch sehr viele deutsche Kolonien, deren Bewohner alle in der größten Eintracht untereinander leben, von der Regierung auf jede mögliche Weise begünstigt werden, die schönsten Ländereien besitzen und auf diese Weise alle einen ziemlichen Grad von Wohlstand erreicht haben.

Wir verlebten in diesem Dorfe zehn glückliche Tage. Alles, was unser Herz nur verlangte, suchten uns die guten Kolonisten zu verschaffen; auch die langentbehrten Kartoffeln genossen wir hier nach langer Zeit zum ersten Male wieder.

Mehrere Gefangene, namentlich Sachsen und Württemberger, die sich verbindlich gemacht hatten, Russland nicht wieder zu verlassen, waren in diesen Kolonien geblieben und erklärten freiwütig, dass sie mit ihrem Lose vollkommen zufrieden seien und sich nicht mehr nach Deutschland zurücksehnten. Auch suchte man uns zu überreden, hier zu bleiben; doch konnten wir uns nicht entschließen, unserem Vaterland für immer Lebewohl zu sagen, solange wir noch Hoffnung hatten, es bald wieder zu sehen.

Als am zehnten Tage der Befehl eintraf, wir sollten nach Saratow zurückkehren, beschenkten uns die guten Menschen mit allerlei Kleidungsstücken und unter inniger Danksagung und schwerem Herzen nahmen wir endlich Abschied von diesen braven Leuten, die den Grundzug des deutschen Charakters, Biederkeit und Gastfreundschaft, so treu sich bewahrt und so herrlich bewiesen hatten.

In Saratow wurden wir nun mit einer großen Anzahl von Gefangenen auf der Wolga eingeschifft, ohne dass wir jedoch wussten, wohin wir transportiert werden sollten. Auf dem Schiffe befand sich eine große Anzahl Franzosen und unter ihnen auch ein gefangener Oberst von der Garde Napoleons, der natürlich von seinen Landsleuten aufs Höchste geehrt wurde. Obgleich die Franzosen schon den dem Abfall der deutschen Fürsten von Napoleon gehört hatten und höchst erbittert auf uns deutsche Gefangene waren, hielt doch die Gegenwart des Obersten die aufgeregten Gemüter im Zaume und es herrschte die größte Ordnung auf dem Schiffe.

Wir fuhren 14 Tage lang auf der Wolga, bis wir wegen eintretender strenger Kälte in der Nähe von Nishnij-Nowgorod ans Land gesetzt wurden. Einige Franzosen blieben auf dem Schiffe, wir übrigen wurden in ein am Ufer liegendes Krondorf quartiert, wo wir drei Tage lang blieben und hier endlich die gewisse Nachricht erhielten, dass wir nach der Gouvernementsstadt Pensa marschieren und daselbst die Zeit der Gefangenschaft zubringen würden.

Schluss
Auslieferung und Rückkehr ins Vaterland

Zu Ausgang Dezember 1813 gelangten wir endlich bei sehr kaltem Wetter in dem Orte unserer Bestimmung an. Wir fanden hier mehrere deutsche Offiziere, namentlich von westfälischen, bayerischen, württembergischen, sächsischen und badischen Regimentern, die uns mit der tröstlichen Nachricht entgegenkamen, dass unsere Befreiung und Auslieferung nicht mehr fern sei und die betreffenden Befehle jeden Tag von Petersburg erwartet würden. Ich schloss mich diesen Offizieren an, und da wir nun Aussicht hatten, bald das Ende unserer Leiden zu erreichen, verbrachten wir die noch kurze Zeit bis zu unserer Auslieferung so angenehm wie möglich.

Ich wohnte in Pensa bei dem Kapitän von Alten, der bei einem Geometer, mitten in der Stadt, ein recht wohnliches Stübchen innehatte. Von ihm hörte ich nun, dass in Pensa auch ein deutscher Schneider, namens Ahlsdorf und ein deutscher Schuster, Kracht, wohnten, die sich beide durch Mildtätigkeit gegen die Gefangenen so ausgezeichnet hätten, dass sie in allgemeiner Achtung ständen.

Ahlsdorf hätte namentlich den Offizieren unentgeltlich Kleidungsstücke durch seine Gesellen anfertigen lassen; Kracht bemühte sich ebenfalls, soviel er es seinen dürftigen Vermögensumständen nach könne, zu helfen; und diese beiden Männer allein verdankten die gefangenen Offiziere ihre jetzige erträgliche Lage. Auch wohnte noch eine deutsche Hebamme, ein deutscher Büchsenmacher und ein deutscher Apotheker in Pensa. Die erstere sei eine wohlhabende Frau und beköstige jeden Tag einige Gefangene; von den beiden letzteren wisse man nur, dass sie in Pensa wohnten. Um ihre gefangenen Landsleute bekümmerten sie sich nicht im geringsten.

Da der Schneider Ahlsdorf zugleich Inhaber des besten Gasthofs in Pensa war, begab ich mich sobald als möglich zu ihm. Ich wurde äußerst freundlich aufgenommen. Der ehrliche Schneider war über die Maßen froh, wieder einem deutschen Landsmanne in der Not helfen zu können; er erquickte mich alsbald durch Speise und Trank und sagte mir, ich könne zu jeder Zeit in sein Haus kommen und essen, wenn ich wollte. Darauf besah er meine Garderobe und als er sie schlecht genug fand, ließ er sie sofort durch seine Leute ausbessern und ergänzen.

Auch Kracht lud mich in sein Haus ein und besorgte mir für eine billige Vergütung gutes und dauerhaftes Schuhwerk. Diese beiden guten Menschen boten alles auf, um uns den Aufenthalt in Pensa zu einem angenehmen zu machen. Sie veranstalteten kleine Festlichkeiten, wo auf das Wohl Deutschlands getrunken wurde; sie machten uns mit der Umgegend, soweit es die Jahreszeit zuließ, bekannt und oft habe ich mit ihnen gemeinsam Schlittenfahrten gemacht. Sie wussten immer zuerst die Nachrichten von den Siegen, die die Verbündeten in Deutschland errungen hatten, von Napoleons Zurückweichen, von der Möglichkeit des nahen Friedens; sie jubelten mit uns darüber, dass die Zeit unserer Erlösung immer näher kam.

In den ersten Tagen des Februar 1814 endlich ward uns von dem Gouverneur, Fürsten Galizyn, unsere Befreiung bekannt gegeben. Zugleich wurde uns eröffnet, dass der Kaiser Alexander befohlen habe, jedem gefangenen Offiziere 100 Rubel als Gratifikation auszuzahlen, die Unteroffiziere und Soldaten aber mit einer guten Winterkleidung zu versehen. Auch wurde den Offizieren Fuhrwerk zugestanden, damit ihre Reise sicherer und leichter vonstatten gehen könne.

Wir meinten nun, unser Abmarsch würde gleich auf den folgenden Tag angesetzt werden; allein es mussten nun erst die in der Umgegend sich aufhaltenden Gefangenen zusammengebracht werden, auch weigerte sich der Gouverneur, ich weiß nicht mehr aus welchem Grunde, einigen Offizieren die Gratifikation auszuzahlen, so dass noch volle 14 Tage hingingen, ehe wir Pensa verlassen konnten.

Mitte Februar war alles zur Reise fertig. Je zwei Offiziere hatten eine Kibitke[27] angekauft. Man versah sich noch mit Lebensmitteln auf mehrere Tage und vorwärts ging es nun, der lieben Heimat entgegen. Ahlsdorf und Kracht gaben uns das Geleit; sie konnten sich von uns kaum trennen und auch wir hätten gern die braven Männer in unserer Mitte behalten. Erst als wir einige 30 deutsche Meilen von Pensa entfernt waren, entschlossen sie sich endlich zur Rückkehr. Den Abschied kann ich nicht beschreiben; Ahlsdorf gestand, dass dies ein trauriger Tag für ihn sein, noch viel trauriger als der, an dem er vor langen Jahren Abschied von seinem Geburtsorte genommen hatte. Wir sprachen unterwegs fast immer von den beiden Braven und ewig werden sie in meinem Gedächtnisse leben.

Wie ich später aus sicherer Quelle erfahren habe, soll dem biederen Schneider seine Wohltätigkeit auch reichlich vergolten worden sein. Die Offiziere des Großherzogs von Baden nämlich, die glücklich mit uns in ihr Vaterland zurückkehrten, sollen ihrem Landesherrn von dem Edelmute des Schneiders in Pensa erzählt und der Großherzog sich bewogen gefunden haben, durch seinen durchlauchtigen Schwager, Kaiser Alexander von Russland, dem Biedermanne einen Zivilverdienstorden, mit dem ein jährliches Gehalt verbunden war, zukommen zu lassen. Der menschenfreundliche Alexander aber soll nicht allein bereitwilligst das Geschenk seines Schwagers dem Schneider zugestellt, sondern ihn auch in den Adelsstand erhoben und ihm ein in der Nähe von Pensa gelegenes Landgut mit 500 Leibeigenen geschenkt haben. Möge es so sein! Denn hat jemand eine solche Auszeichnung verdient, so ist es der ehrliche Schneider von Pensa gewesen.

In Tambow angekommen, versahen wir uns aufs Neue mit Mundvorräten; auch stießen mehrere Deutsche zu uns, während ein Transport von Polen und Franzosen noch weiter ins Innere Russlands geführt wurde.

Von Tambow aus ging es schnell durch die große Steppe von Woronisch. Die Bauern spannten immer bereitwillig und rasch an, um der Einquartierung zu entgehen und der uns begleitende russische Offizier gab dies um so williger zu, als er sich an jedem Orte, von den Bauern, die dies gern vermeiden wollten, eine gewisse Summe für seinen guten Willen zahlen ließ.

In Woronisch hörte ich auf einmal meinen Namen hinter mir herschreien und Lorenz Werner, der früher eigenmächtig in Orel zurückgeblieben war, stand vor mir. Er war außer sich vor Freude, dass er mich wieder sah. Man hatte ihn gleich nach meiner Abreise von Orel, gefänglich eingezogen, ihn ein um den anderen Tag mit Stockprügeln bewirtet und überhaupt unmenschlich behandelt. Er bat mich nun, es zu bewirken, dass er mit uns zurückreisen dürfe. Das hielt auch gar nicht schwer, da der Befehl ergangen war, dass man alle gefangenen Deutschen, sie möchten sich befinden, wo sie wollten, ungesäumt in ihr Vaterland schicken solle. Da Werner fast gänzlich von Kleidungsstücken entblößt war, teilte ich die meinigen mit ihm und kaufte ihm auch noch für 9 Rubel einen Pelz, ohne den er es bei der Fahrt auf dem Schlitten gar nicht hätte aushalten können.

---

[27] Kibitke - russischer Schlitten

Von Woronisch fuhren wir nach Orel, woselbst sich unsere Reisegesellschaft wiederum vermehrte; es gesellten sich nämlich noch einige Offiziere und 10 Unteroffiziere und Soldaten zu uns. Wir beeilten unseren Marsch, so sehr wir nur konnten, weil der russische Winter sich seinem Ende nahte und wir dann unsere Schlitten hätten verlassen müssen. Mit unglaublicher Schnelle durchflogen wir das Gouvernement Mohilew und kamen nach der Festung Bobrusk an der Beresina. Wir konnten hier keine Pferde mehr vor unsere Schlitten bekommen, weil der Krieg sie alle hinweggerafft hatte. Auch trat jetzt Tauwetter ein und wir mussten unseren Marsch zu Fuß fortsetzen. Auf den schlechten, morastigen Wegen konnten wir oft täglich kaum drei bis vier Stunden zurücklegen und nach unzähligen Mühseligkeiten, indem bald dieser, bald jener im Moraste stecken blieb und erst wieder herausgezogen werden musste, gelangten wir nach Neswish. Hier hatte uns vor zwei Jahren der König von Westfalen verlassen und wir waren damals mehrere Tage lang in dieser Stadt einquartiert gewesen, wo ich denn Gelegenheit gehabt hatte, einige Juden kennen zu lernen, die sich jetzt über meine Rückkehr herzlich freuten und mir einen großen Gefallen dadurch erwiesen, dass sie ein paar mir sehr befreundete Offiziere, die wegen erhaltener Schusswunden nicht mehr gut zu Fuße fortkommen konnten, auf Wagen nach Bjelostok schafften, obgleich man ihnen nicht sogleich den Fuhrlohn bezahlen konnte.

In Bjelostok, einer Grenz-Gouvernementsstadt, fanden wir unseren hannöverschen Kommissar vor, bei dem wir uns meldeten und sogleich unsere Gage ausbezahlt erhielten. Wir verweilten in Bjelostok volle 14 Tage und hofften, dass noch mehrere Deutsche aus dem Inneren Russlands anlangen würden, was indes nicht der Fall war.

Zugleich wurde die russisch-deutsche Legion, die in diesem Gouvernement stationiert war, aufgelöst. Die darunter befindlichen Hannoveraner und Braunschweiger wurden uns zugewiesen und so verließen wir, etwa 80 Mann stark mit vier oder fünf Offizieren, Bjelostok. Obgleich die Gegend, durch die wir unseren Marsch nehmen mussten, sehr unter dem Kriege gelitten hatte, trafen wir doch immer auf Städte oder große Dörfer, die uns ein Obdach für die Nacht gewährten und da hier allenthalben Juden wohnten, so konnten wir auch immerhin für Geld das anschaffen, was wir an Lebensmitteln bedurften.

Wir kamen dann nach Ostrolenka. Rings um die Stadt sind sumpfige Bäche und wir marschierten von hier fast immer auf Knüppeldämmen nach Pultusk. Unterwegs trafen wir mehrere Dörfer an, die infolge des Krieges von ihren Einwohnern gänzlich verlassen waren und es war ein Glück für uns, dass wir immer auf einige Tage Lebensmittel mit uns führten, da wir sonst oft gewiss in unseren leeren Quartieren hätten hungern müssen.

In Plotzk angekommen, hielten wir einen Ruhetag; ich kam zu einem jüdischen Kaufmann ins Quartier, dessen Frau aus Leipzig gebürtig war. Obgleich wohlhabend, konnte sich meine Wirtin doch nicht in die polnische Lebensweise finden und sehnte sich nach Deutschland zurück. Sowohl ihr Mann als ihre beiden

Söhne hatten jeder zwei lange Weichselzöpfe[28] und obgleich dies in Plotzk ein überall verbreitetes Übel war, muss es doch immer für eine Deutsche, schon des widerlichen Geruches wegen, eine unangenehme Sache sein, wenn sie Mann und Kinder Tag für Tag mit langen, schmutzigen Zöpfen, die vom Kopfe wie Hörner abstehen, umherlaufen sieht.

Man darf diese Zöpfe, wie die Polen steif und fest behaupten, nicht abschneiden, weil sonst leicht gefährliche Krankheiten an anderen Teilen des Körpers, besonders am Kopfe, entständen, die meist tödlich enden; ich glaube jedoch, dass man diese Krankheit durch äußerste Reinlichkeit und öfteres Kämmen oder Bürsten der Haare wohl vermeiden kann.

Bei Plotzk gingen wir über die Weichsel und kamen durch eine Reihe kleiner Städte nach Posen. In den Städten trafen wir fast durchgehend deutsche Handwerker an, namentlich Tuchweber, die es sich angelegen sein ließen, uns eine freundliche Aufnahme zu bereiten. Es bedurfte hier keiner Quartierzettel, da die deutschen Einwohner ihre Landsleute gleich freiwillig mit nach Hause führten. Hier bekam ich nun nach langer, langer Zeit wieder ein Bett; aber ich war dieser Bequemlichkeit gar so entwöhnt, dass ich fast die ganze Nacht hindurch nicht schlafen konnte, obgleich ich äußerst ermüdet war.

In Posen wurden wir zwei Tage aufgehalten, da die Pässe nachgesehen wurden.

Zwischen Schile und Meseritz betraten wir zuerst den deutschen Boden wieder; freudig begrüßte uns das Grenzzeichen, auf dem nach der einen Seite ein polnischer, nach der anderen ein preußischer Adler wies. Wir machten bei diesem Grenzpfahle Halt und dankten Gott, das er uns aus langen Leiden errettet und wieder in das liebe deutsche Vaterland zurückgeführt habe. Es war ein herzergreifender Anblick und Tränen liefen über die bärtigen, vom Wetter gebräunten Gesichter.

Im ersten preußischen Dorfe wurden wir sogar mit Schnaps, Bier und Weißbrot erquickt und die Gemeinde war so erfreut über unsere glückliche Rückkehr, dass sie uns nicht allein Speise und Trank gern verabreichte, sondern uns auch nach der nächsten Station, die nicht mehr weit entfernt lag, auf ihren Wagen fahren ließ.

Wir hatten von nun an immer eine liebevolle Aufnahme in unseren Quartieren und marschierten von Frankfurt an der Oder auf Berlin, wo sich die Braunschweiger von den Hannoveranern trennten und über Potsdam und Magdeburg nach Braunschweig marschierten, während die letzteren den Weg über Celle nach Hannover einschlugen.

Als Fleck im Sommer 1814 in seine Heimat zurückkehrt, fand er das Königreich Hannover schon wieder hergestellt. Er wurde Förster, erst in Sehlde, später in Söhre bei Hildesheim.

Nach seiner Pensionierung wohnte er bei seinen Söhnen, bis er, ein Siebzigjähriger, im Jahre 1858 zu Lachtehausen, einem Dorfe in der Nähe von Celle, starb.

.*.

---

[28] Weichselzopf - starke Verfilzung der Haare bei Nichtbehandlung von Kopf- und Filzläusen

Anlagen zum Haupttext

Das Bataillon der Garde-Carabiniers[29]

Dieses Korps diente zur Ergänzung der Förster des Königreichs. Es sollten daher nur Söhne von Förstern und gelernte Jäger Aufnahme finden[30]. Nur wer zwei Jahre in diesem Korps gedient hatte, sollte einen Anspruch auf Anstellung in der Forstverwaltung haben.

Diese Bestimmungen konnten aber nicht streng befolgt werden, denn schon im September 1808 wurden acht Förster aus dem Bataillon angestellt[31]. Später zeigte es sich auch, dass die Bestimmung, nur gelernte Jäger einzustellen, unausführbar war, da es einmal so viele gelernte junge Schützen im Königreiche gar nicht gab, und 1812 das Bataillon völlig zugrunde ging und ganz neu formiert werden musste.

Das Bataillon wurde anfangs zu vier Kompanie und eine Depotkompanie formiert[32]. Vor dem russischen Feldzuge wurde es aber auf sechs Feldkompanien und eine Depotkompanie gebracht. Nach dem Feldzuge wurde es Anfang 1813 völlig neu formiert[33], jetzt aber nur wieder vier Kompanien stark mit der ausdrücklichen Bestimmung, dass das Korps nur innerhalb der Grenzen des Königreichs verwendet werden durfte[34].

Die Bewerber mussten sich einem Examen unterziehen vor einer Kommission, die sich aus einem Kapitän, einem Lieutenant, einem Sergeant-Major, zwei Sergeanten und einem Fourrier zusammensetzte, außerdem wohnte ein vom Staate ernannter Forstbeamter der Prüfung bei[35].

Das Avancement war wie bei der Linie[36].

---

[29] aus: Die Armee des Königreichs Westfalen 1807 - 1813. Inaugural-Dissertation zur Erlangung der Doktorwürde. Fritz Lünsmann. C.Leddihn Verlag, Berlin, 1935.

[30] So die Bestimmung im Dekret vom 13.April 1808 und vom 05.März 1813.

[31] Westfälischer Moniteur vom 29.September 1808. Diese Förster waren: die Sergeanten B.Homburg und G.Alberti, der Fourrier K.Ludolf, die Korporale A.Strauch und K.Walter und die Jäger A.Dornickel, Paul Kann und J.Arnold.

[32] durch das königliche Dekret vom 05.März 1813

[33] Artikel 5 des Dekrets vom 05.März 1813

[34] Artikel 5 des Dekrets vom 05.März 1813

[35] Artikel 3 des Dekrets vom 05.März 1813; über die Art der Prüfung ist nichts bekannt

[36] Artikel 10 des Dekrets vom 05.März 1813

Dienst des Bataillons

Die Jäger-Carabiniers waren besonders mit der Aufsicht der königlichen Jagden und Forsten beauftragt, überall dort, wo sie der Großjägermeister oder Generaldirektor der Forsten für notwendig hielt. Sie arretier- ten Wilddiebe, Deserteure und Refractäre. Für die Verhaftung erhielten sie dann dieselbe Vergütung wie die Gendarmen.

Wurde eine Abteilung von den Forstbehörden angefordert, so erteilte der Kriegsminister den Marschbefehl, das Kommando erhielt dann einen erhöhten Sold von 32 Centime pro Mann auf Rechnung der Forstkasse, um den Gemeinden wegen der Beköstigung nicht zur Last zu fallen.

Die Offiziere hatten nach fünf Dienstjahren im Korps Anspruch auf ei- ne Anstellung, ihrem Range angemessen, sie mussten aber vorher durch ein Examen die erforderlichen Kenntnisse nachweisen. Hatten sie eine An- stellung in der Forstverwaltung bekommen, dann erlosch jeder Anspruch auf eine Militärpension.

Uniformierung und Bewaffnung

Die Jäger trugen eine grüne Uniform. Der Rock wurde durch eine Reihe Knöpfe geschlossen. Die Litzen auf den Kragen, Vorstößen und Patten wa- ren rot, ebenfalls die Halbmonde auf den grünen Epauletten. Sie trugen die Gamaschen der leichten Infanterie mit rotem Besatz. Das Lederzeug war schwarz, der Tschako hatte gelbe Behänge und einen grünen, oben roten Stutz. Die Besätze der Offiziere waren golden.

Als einzige Truppe der westfälischen Armee trug das Korps eine gezo- gene Büchse, daneben das Säbelmodell der Artillerie und ein Pulverhorn.

Soldat des Bataillons der Jäger-Carabiniers

Colonel des Bataillons der Jäger-Carabiniers

Verzeichnis des Offizierskorps des Garde-Bataillons der Jäger-Carabiniers[37]

von Bardeleben. Er wurde bereits in den Jahren 1810 und 1812 im Bataillon als Chirurg II.Klasse geführt. Während des Feldzuges in Russland geriet er in Kriegsgefangenschaft, kehrte aber nach der Auswechslung wieder nach Deutschland zurück.

von Batineller. Er diente zunächst als Sergeant in der königlich westfälischen Armee und wurde 17.Februar 1812 zum Seconde-Lieutenant im Bataillon ernannt. Während des Feldzugs in Russland geriet er in Kriegsgefangenschaft. Weitere Information liegen nicht vor.

Bergeron. Er diente ursprünglich in der kaiserlich französischen Armee, bevor er ins Königreich Westfalen kam. Hier findet man ihn 1810 als Major des Bataillons Jäger-Carabiniers, am 14.September 1811 wird er zum Oberst des 3.Linien- und im Jahre 1812 zum Oberst im 8.Linien-Regiment ernannt. Nach dem so verhängnisvollen Rückzug der französischen Armee und ihrer Alliierter, wird er 1813 in der Festung Küstrin gefangen genommen. Er kehrt später wieder nach Frankreich zurück.

von Bertrab. Er diente zuerst als Sergeant im Bataillon der Jäger-Garde. Aufgrund des großen Bedarfs an ausgebildetem Militärpersonal, wurde er am 07.September 1811 zum Seconde-Lieutenant befördert. Für das Jahr 1813 wird er noch in den Reihen des Bataillons geführt. Weitere Informationen liegen nicht vor.

Beunat. Er stand zuerst in hessischen Diensten und diente 1810 zuerst als Quartiermeister und 1812 als Bekleidungsoffizier im Bataillon. Am 12. September 1812 wurde er zum Bataillonschef befördert, starb aber auf dem Rückzug in Königsberg.

Ludwig von Bodungen. Er trat aus königlich preußischen Diensten in die westfälische Armee über, stand 1810 als Unterlieutenant im 2.Linien-Regiment, am 18. Juni 1811 als Lieutenant im 1.leichten Bataillon. Am 19.Februar 1812 wurde er zum Premierlieutenant im Bataillon der Jäger-Carabiniers befördert, wurde während der Schlacht bei Borodino als Kapitän verwundet und starb schließlich in russischer Gefangenschaft.

Brücke. Er diente erst als Sergeant-Major in der königlich westfälischen Armee. Auf Befehl des Königs Jérome wurde er am 25.Januar 1811 zum Seconde-Lieutenant im Bataillon ernannt. Er überlebte seine am 07.September 1812 in der

---

[37] aus: Die Armee des Königreichs Westfalen 1807 - 1813. Inaugural-Dissertation zur Erlangung der Doktorwürde. Fritz Lünsmann. C.Leddihn Verlag, Berlin, 1935.

Schlacht bei Borodino erhaltene schwere Verwundung, kam aber beim Rückzug aus Russland ums Leben.

Buchenius. Der geborene Preuße diente zunächst als Adjutant im Bataillon und erhielt am 19.Dezember 1810 seine Beförderung zum Seconde-Lieutenant und schließlich am 26.März 1812 zum Kapitän. Während des Feldzuges in Russland geriet er in Gefangenschaft, nahm am 28.Juni 1813 Dienst in der russisch-deutschen Legion und trat 1814 in die kaiserlich russische Armee über.

Burhenne. Aufgrund eines königlichen Dekrets wurde der Sergeant-Major am 17. Februar 1812 zum Seconde-Lieutenant im Bataillon der Jäger-Carabiniers befördert. Er kam während des Feldzugs in Russland um.

Coester. Der Sergeant wurde durch ein königliches Dekret am 08.Januar 1811 zum Secondelieutenant im Garde-Bataillon der Jäger-Carabiniers befördert. Der Etat weist ihn für die Jahre 1812 und 1813 als Offiziers- Zahlmeister aus.

Christian Friedrich Corbmacher-D'Asbrand. Er trat aus fuldischen Diensten zunächst in das französische Fremden-Regiment *Westfalen* und wurde am 18.Januar 1809 erst Quartier-Meister und am 22.August 1811 zum Kapitän im Bataillon ernannt. Während des Russlandfeldzuges wurde ihm am 07.September 1812 in der Schlacht bei Borodino der rechte Arm hoch in der Schulter von einer Kanonenkugel abgerissen. Er kehrte nicht mehr nach Hause zurück.

Duncker. Der Etat des Bataillons der Jäger-Carabiniers weist ihn für das Jahr 1810 als Premierlieutenant aus. Weiteres ist nicht bekannt!

von Fischer. Er wurde am 06.März 1810 zum Seconde- und im Jahre 1812 zum Premier-Lieutenant im Bataillon der Jäger-Carabiniers ernannt. Weiteres ist nicht bekannt!

von Grau. Er trat aus hessischen Diensten in die Armee des Königreichs Westfalen über, wo er am 19.Dezember 1810 zum Premier-Lieutenant der Jäger-Carabiniers befördert worden ist. Der Etat des Bataillons weist ihn auch für die Jahre 1812 und 1813 mit diesem Rang nach.

Halke. Der Etat des Garde-Bataillon weist ihn für das Jahr 1810 als Adjutant-Major der Einheit nach. Weiteres ist nicht bekannt!

Ernst Ludwig von Heßberg. Geboren am 24.Oktober 1773 in Laar, erhielt er ab 1784 seine Ausbildung im hessischen Pagenkorps und wurde 1804 zum Leutnant ernannt. Nach der Errichtung des Königreichs Westfalen erhielt er 1808 die Beförderung zum Premier-Lieutenant und 15.Juni 1810 die zum Kapitän im Bataillon. Im Mai 1812 übernahm er schließlich als Bataillons-Chef das Kommando. In der Schlacht bei Walutino-Gora wurde er am 19.August so schwer verwundet, dass er am folgenden Tage verstarb. Der zeitgenössische Autor Bernhardi hingegen beschreibt, dass er vielleicht seiner Strenge wegen auch von seinen eigenen Soldaten erschossen worden sein könnte.

Ernst Konstantin Prinz von Hessen-Philippsthal. Geboren am 08.August 1771 trat er aus hessischen Diensten in die westfälische Armee ein. Er erhielt seine Beförderung zum Oberst des Bataillons am 23.April 1809 und wurde bereits am 15. August 1810 zum Brigadegeneral ernannt und zum Kammerherrn des Königs Jérome erhoben.

von Hille. Der Etat des Garde-Bataillons der Jäger-Carabiniers weist für die Jahre 1810 und 1812 als Kapitän der Einheit nach. Er kam während des russischen Feldzugs um.

Hoffmann. Der ehemalige Angehörige des westfälischen Garde du Corps wurde durch ein königliches Dekret am 26.März 1812 zum Seconde-Lieutenant des Bataillons der Jäger-Carabiniers ernannt. Der Etat der Einheit weist ihn auch für das Jahr 1813 nach.

von Hohenhausen. Die Geschichte des Bataillons verzeichnet über ihn nur, dass er am 23.Januar 1812 zum Premier-Lieutenant befördert worden und in der Schlacht bei Smolensk gefallen ist.

Hütterodt. Der ehemalige Adjutant wurde am 17.Feburar 1812 zum Seconde-Lieutenant im Bataillon der Jäger-Carabiniers befördert. Der Etat des Bataillons weist ihn auch für das Jahr 1813 nach; er verstarb im Jahre 1830.

Kastner. Der ehemalige Sergeant im Bataillon wurde durch ein königliches Dekret am 08.Januar 1811 zum Secondelieutenant der Jäger-Carabiniers befördert, diente zunächst als Offiziers-Zahlmeister und ab dem 13.August 1811 als Quartiermeister. Der Etat des Bataillons weist ihn auch für die Jahre 1812 und 1813 nach.

Kirchmeyer. Der ehemalige Sergeant des Bataillons wurde am 23.Januar 1812 durch ein königliches Dekret zum Seconde-Lieutenant der Jäger-Carabiniers befördert. Er geriet während des russischen Feldzugs 1812 in Kriegsgefangenschaft. Weiteres ist nicht bekannt!

Koesmann. Der ehemalige Angehörige des westfälischen Garde du Corps wurde durch ein königliches Dekret am 26.März 1812 zum Seconde-Lieutenant des Bataillons der Jäger-Carabiniers ernannt. Der Etat der Einheit weist ihn auch für das Jahr 1813 nach.

Kuchenbecker. Der Etat des Garde-Bataillon weist ihn für 1812 als Premier-Lieutenant der Jäger-Carabiniers aus. Er kam im russischen Feldzug um.

Ferdinand Metzner. Geboren am 09.Juni 1787 in Achim an der Weser, stand er zuerst als Lieutenant in braunschweigischen Dienst und trat im Juni 1808 als Lieutenant in das Bataillon der Jäger-Garde, bevor er am 25.Januar 1811 zum Kapitän der Jäger-Carabiniers befördert wurde. Während des russischen Feldzugs wurde er am 07.September 1812 verwundet. Am 27.Oktober 1813 trat er zunächst in preußische und 1814 wieder in braunschweigische Dienste. Er verstarb am 26.Januar 1841 in Braunschweig

Philipp Montvert. Der ursprünglich aus dem Languedoc stammende M. stand zunächst in königlich preußischen Diensten bevor er 1808 Lieutenant in der westfälischen Grenadier-Garde wurde. Am 29.April 1809 wurde er zum Kapitän im Bataillon der Jäger-Carabiniers befördert, geriet aber 1812 in russische Gefangenschaft. Am 19.Mai 1813 trat er zuerst in die russisch-deutsche Legion, danach wieder in preußische Dienste. Während des Treffens bei Sehestedt wurde er am 10.Dezember 1813 verwundet. 1816 wurde er zum Major in der königlich preußischen Armee befördert, er verstarb im Jahre 1822.

Karl Müldner. Der ursprünglich als Seconde-Lieutenant in hessischen Dienste stehende M. trat 1807 als Lieutenant in das 2.hessisch-französische Infanterie-Regiment. 1810 war er Bataillonschef im 5.westfälischen Linien-Regiment, wo er am 14.Oktober 1810 zum Major befördert wurde. Unter dem Datum des 27.Februar 1812 wurde er als solcher zum Bataillon der Jäger-Carabiniers versetzt. Im September 1812 wurde er zum Colonel der Grenadier-Garde und am 31.Januar 1813 zum Colonel der Füsilier-Garde befördert. Später wurde er noch in den Adelsstand erhoben und verstarb am 27.Januar 1863 in Hanau.

Müller. Der Etat des Bataillons der Jäger-Carabiniers weist ihn für das Jahr 1813 als Seconde-Lieutenant der Einheit aus. Weiteres ist nicht bekannt!

Heinrich August Bernhard von Pawel-Ramingen. Geboren am 08.Oktober 1787 in Braunschweig, trat er im Jahre 1802 aus braunschweigischen in preußische Dienste. 1808 wurde er in der königlich westfälischen Armee angestellt, 1809 dann als Premier-Lieutenant im Bataillon der Jäger-Carabiniers. 1812 war er dann als Rekruten-Offizier *à la suite* des Bataillons gestellt. Am 30.Dezember 1813 trat er wieder in braunschweigische Dienste und verstarb am 26.August 1826 in Braunschweig.

Quentin. Er trat aus hessischen Diensten in die königlich westfälische Armee über und wurde im Etat des Bataillons der Jäger-Carabiniers als Seconde-Lieutenant der Einheit aufgeführt. Weiteres ist nicht bekannt!

Adolf von Rauschenplatt. Er wurde 1772 in Blankenburg geboren, war im Jahre 1792 preußischer Kadett und wurde am 29.Januar 1808 Lieutenant im Bataillon der Grenadier-Garde, am 14.August 1808 Kapitän im 2.Linien-Regiment, am 07. Februar 1810 Bataillonschef bei den Jäger-Carabiniers und schließlich am 06.Juni

1811 Kommandeur des 1.leichten Linien-Bataillons. Dort wurde er am 28.September 1811 zum Major befördert und am 31.Oktober 1812 zum Kommandeur des Bataillons der Jäger-Garde ernannt. Im Russlandfeldzug des Jahres 1812 geriet er in Kriegsgefangenschaft, aus der er erst im Juni 1814 nach Hause zurückkehrte. 1815 trat er in braunschweigische Dienste und starb schließlich am 10.Oktober 1845 in Wolfenbüttel.

Friedrich Ludwig von Reichmeister. Er trat aus preußischen Diensten in die Armee des Königreichs Westfalen über. 1808 stand er als Leutnant im Bataillon der Grenadier-Garde, wo er am 20.September 1810 seine Beförderung zum Kapitän erhielt. Als solcher wurde er am 19.Dezember 1810 in das Bataillon versetzt. Während des Rückzugs 1812 kam er ums Leben.

Heinrich Schmidt. Er trat aus hessischen Diensten in die Armee des Königreichs Westfalen ein, wo er 1810 als Seconde-Lieutenant im Bataillon der Jäger-Carabiniers stand. Dort versah er am 14.Februar 1812 als Adjutant-Major, seit dem 19. Februar 1810 als Premier-Lieutenant und seit dem 12.September 1812 als Kapitän seinen Dienst versah. Er kam während des Feldzugs in Russland 1812 ums Leben.

von Sonntag. Der ehemalige Sergeant der westfälischen Armee wurde am 26. März 1812 aufgrund eines königlichen Dekrets zum Seconde-Lieutenant im Bataillon der Jäger-Carabiniers befördert. 1813 stand er dann als Premier-Lieutenant im Bataillon der Jäger-Garde.

Friedrich von Starck. Der ehemalige Sergeant der westfälischen Armee wurde am 23.Juni 1810 aufgrund eines königlichen Dekrets zum Seconde-Lieutenant im Bataillon der Jäger-Carabiniers ernannt, wo er am 07.März 1812 zum Premier-Lieutenant befördert wurde. Der Etat der Einheit weist ihn auch für das Jahr 1813 als Angehörigen aus.

Starkloff/ Starckloff. Der Etat des Bataillons der Jäger-Carabiniers weist ihn für die Jahre 1810 und 1812 als Chirurg 1.Klasse der Einheit aus. Er starb während des Russlandfeldzugs 1812 in Wilna.

Ludwig Wilhelm Julius von Stein. Geboren am 08.Januar 1799, trat er aus hessischen Diensten in die königlich westfälische Armee über. 1810 wird er bereits als Kapitän im Bataillon geführt. In der Schlacht von Borodino wird er zwar schwer verwundet, wird aber durch den Tod des bisherigen Bataillonskommandeurs bedingt, am 17.September 1812 zu dessen Nachfolger ernannt. Er starb beim Rückzuge aus Russland in der Nähe von Königsberg.

Etat 1808

Grad	Anzahl	Grad	Anzahl
Oberstab		Kompanie	
Bataillonschef	1	Kapitän	1
Bekleidungskapitän	1	Premierlieutenant	1
Quartiermeister	1	Secondelieutenant	1
Adjutant-Major	1	Sergeant-Major	1
Oberchirurg	1	Sergeanten	4
Chirurg II.Klasse	1	Fourrier	1
		Korporale	6
		Hornisten	2
		Jäger	86
Summe	6	Summe	103

Unterstab	Anzahl	Summe Bataillon	Anzahl
Adjutanten	2	Oberstab	6
Oberhornist	1	Unterstab	6
Büchsenmeister	1	vier Kompanien	412
Schneider	1		
Schuster	1		
Summe	6	Summe	424

Übersicht über das Offizierskorps des Bataillons

Rang	1810	1811	1812
Oberst	Prinz von Hessen-Philippsthal	Müldner	
Major	Bergeron	von Heßberg	von Heßberg
Bataillonschef	von Rauschenplatt	Schmidt	
Adjudant-Major	Halke	Beunat	Beunat
Bekleidungs-Offizier		Kastner	Kastner
Quartier-Meister	Beunat	Coester	Coester
Offizier-Zahlmeister		Starkloff	
Chirurg I.Klasse	Starckloff	von Bardeleben	von Bardeleben
Chirurg II.Klasse	von Bardeleben		
Kapitän	von Heßberg von Stein von Montvert von Hille	von Stein von Montvert von Hille von Reichmeister Metzner Corbmacher-D'Asbrand	Metzner Schmidt
Premier-Leutnant	von Pawel Duncker Metzner Corbmacher-D'Asbrand	von Pawel von Grau von Bodungen von Fischer Kuchenbecker von Hohenhausen	von Grau von Bodungen von Starck von Pawel *à la suite*
Second-Leutnant	Quentin Schmidt von Grau von Fischer	von Starck Buchenius Brücke von Bertrab Kirchmeyer von Sonntag Burhenne Hütterodt von Batineller Koesmann Hoffmann	von Bertrab Hütterodt Hoffmann Koesmann Müller

Inhaltsverzeichnis

Verlagswerbung

AMon00008: Erzählung der Schicksale und Kriegsabenteuer des ehemaligen westfälischen Artillerie-Wachtmeisters Jakob Meyer aus Dransfeld während der Feldzüge in Spanien und Russland von ihm selbst geschrieben.
Softcover, 84 Seiten   11,95 €

AMon00009: Aus schwerer Zeit. Erinnerungen an die Drangsale und Leiden der Stadt und Festung Altdamm aus der Zeit der Franzosenherrschaft in den Jahre 1806 - 1813.
Softcover, 1 Karte, 64 Seiten   10,95 €

AMon00010: Der Galeerensklave des Kaiser. Leben und Schicksal des ehemaligen Musikmeisters im königlich preußischen 24.Infanterie-Regiment August Böck, vormaliger Trompeter im Schillschen Korps. Von ihm selbst geschrieben.
Softcover, 72 Seiten   10,95 €

AMon00011: „Ich schwöre es!" Unter der Fahne des ersten Napoleon. Jugendgeschichte des Hunsrücker Dorfschullehrers Johann Jakob Röhrig, von ihm selbst erzählt.
Softcover, 136 Seiten   14,95 €

Außerdem in Vorbereitung: weitere interessante und eindrucksvolle Memoiren und Lebensbeschreibungen, Regiments- und Bataillonsgeschichten von ausgesuchten Einheiten der napoleonischen Kriege und der Einigungskriege 1864 bis 1871.

Gerne nehmen wir von Ihnen Anregungen und auch Vorschläge entgegen, um Ihnen auch zukünftig interessante Literatur bieten zu können.

Bestellungen werden ferner gerne unter der Anschrift: Fachverlag AMon - Alexander Monschau - Broicher Weg 16, 51766 Engelskirchen oder der EMail-Adresse: FachverlagAMon@aol.com entgegen genommen.

www.ingramcontent.com/pod-product-compliance
Lightning Source LLC
Chambersburg PA
CBHW071355090426
42738CB00012B/3132